Die Paradoxa der hohen Wissenschaft

In denen die transzendenten Wahrheiten des Okkultismus zum ersten Mal enthüllt wurden, um die künftigen Fortschritte der Wissenschaft und Philosophie mit der ewigen Religion zu vereinen

Éliphas Lévi

Verlag Heliakon

Verlag Heliakon

Originaltitel: Les Paradoxes de la haute Science
Übersetzung aus dem Französisch
Übersetzer: Osmar Henry Syring

Druck und Vertrieb: BoD - Books on Demand, Norderstedt

ISBN 9783943208-92-4

Titelbild: Pixabay (geralt)
Umschlaggestaltung: Verlag Heliakon

www.verlag-heliakon.de
info@verlag-heliakon.de

Die Deutsche Nationalbibliothek verzeichnet diese Publikation in der Deutschen Nationalbibliografie; detaillierte bibliografische Daten sind im Internet über dnb.de abrufbar.

Inhaltsverzeichnis

Paradoxon I

Die Religion ist die durch die Autorität genehmigte Magie

Magie ist die Göttlichkeit des Menschen, erobert von der Wissenschaft in Verbindung mit dem Glauben. Die wahren Magier sind Menschen-Götter, aufgrund ihrer innigen Vereinigung mit dem göttlichen Prinzip.

Sie sind ohne Furcht und ohne Begierden; sie werden nicht von Unwahrheit beherrscht und sie verbreiten keine Fehler; sie lieben ohne Illusion und leiden ohne Ungeduld, denn sie lassen alles geschehen, wie es geschieht, und ruhen in der Stille des ewigen Gedankens. Sie stützen sich auf die Religion, aber die Religion lastet nicht auf ihnen. Die Religion ist für sie die Sphinx, die gehorcht, aber sie nie verschlingt.

Sie wissen, was Religion ist, und sie halten sie für notwendig und ewig. Die Religion ist für degenerierte Seelen ein Joch, auferlegt durch Eigennutz, Feigheit, Angst und der Torheit der Hoffnung.

Für die erhabenen Seelen ist die Religion eine Kraft, die dem starken Glauben, geboren aus der Liebe zur Menschheit, entspringt.

Religion ist die gemeinsame Poesie der großen Seelen, ihre Fiktionen sind wahrer als die Wahrheit selbst; umfassender als die Unendlichkeit; andauernder als die Ewigkeit.

In anderen Worten, sie sind im Wesentlichen Paradoxa.

Es ist der Traum des Unendlichen im Unbekannten, des Möglichen im Unmöglichen, des Definierten im Undefinierten, des Fortschrittes im Unveränderlichen, des absoluten Seins im Nicht-Sein.

Es ist die endgültige Begründung der Absurdität, die sich bejaht, um Zweifel zu leugnen, es ist die Wissenschaft der Dummheit, die Umarmung von Torheit und Wissen.

Es sind die Schreie der Adler, die über den Wolken schweben, das Brüllen des apokalyptischen Löwen, der sich Flügel verleiht und davon fliegt; es ist das Brüllen des Stieres unter dem Opfermesser und das nie endende Stöhnen der Menschheit vor den Toren des Grabes.

Für den Menschen kann Gott nicht anderes sein, als das Ideal des Menschen.

An sich ist Gott der Unbekannte, aber in seiner Offenbarung, zugleich göttlich und menschlich, ist er der paradoxe Mensch, das Substanzielle ohne Substanz, das Persönliche ohne Definition, das Unveränderliche, das sich verwandelt, aber keine Form hat, das Allmächtige im ewigen Kampf gegen die Schwächen des Menschen, die Ruhe, die donnert, die Barmherzigkeit, die verdammt, die unendliche Güte, die quält, die Ewigkeit, die vergeht. Es ist der unendliche Widerspruch, der Abgrund des menschlichen Herzens, eine Welt im Dienst eines unersättlichen und erschreckenden Götzen; es ist die Grausamkeit Neros, die Politik des Tiberius, der das Blut von Jesus Christus trinkt; es ist ein Papst-Kaiser oder ein Kaiser, der gegen den Papst ist, der König der Könige, der Papst der Päpste, der Henker der Henker, der Arzt der Ärzte, der Befreier der Freien, der unerbittliche Meister der Sklaven.

Gott ist überall das Ideal derer, die ihn in ihrer Unwissenheit anbeten; er ist wild unter den Wilden; voll menschlicher Leidenschaft bei den Griechen, ein orientalischer Despot für die Ultramontanen.

Sie machen aus Gott eine Persönlichkeit, der sie ihre eigenen unverwechselbaren Eigenschaften und ihre eigenen Fehler verleihen. Jeder Mensch betet den Gott an, den er für sich selbst geschaffen hat, nach seinem eigenen Bild, oder den er sich von bestimmten Autoritäten aufzwingen ließ, obwohl es mehr oder weniger in deren Interesse liegt, ihre Anhänger in Unwissenheit und Schwäche zu halten.

Verehrung mit Angst und Zittern, bedeutet fast zu hassen, obwohl die Angst den Hass verbirgt. Die wahre Frömmigkeit, Grundlage jeder Religion, ist die Erhöhung der Liebe; denn die Liebe in ihrer höchsten Form akzeptiert nicht mehr die Grenzen des Möglichen; das Unmögliche ist ihr Traum; das Wunder wird für sie zur

Wirklichkeit. Was würde eine Religion nützen, die uns nicht die Unendlichkeit gibt?

Was ist der Protestantismus mit seinem realitätsfreien Sakrament? Traurig, wie eine erloschene Fackel, wie eine Kirche in Schutt und Asche!

Wie kann das durch das Wort geweihte Brot Jesus Christus darstellen, wenn es nicht Jesus Christus selbst ist?

Welche Torheit, wenn der Christus keine Gottheit ist!

Was für ein seltsamer Kult wäre es in der Tat, einen Mundvoll Brot zu kauen, für den, der das notwendige Wunder nicht fühlen kann. Man kann ein menschliches Wesen lieben bis zum Tod, bis zum Vergessen seiner selbst, bis zum Wahnsinn ... aber kann man ihn unsterblich und durch den Glauben vergöttlichen, indem man ihn göttlich macht und sich selbst zusammen mit ihm unsterblich macht?

Können wir ihn in uns aufnehmen, ihn essen und fühlen, dass er lebendiger ist denn je, dass er in uns und außerhalb von uns lebt, dass er uns in sich aufnimmt, wie wir ihn aufnehmen durch unsere Kommunion mit seinem unermesslichen Sein und seiner unendlichen Liebe?

Leider fühlen wir, dass er weder groß noch ewig ist!

Warum ist er nicht Gott? Warum? Weil Gott allein Gott ist. Und so kommt er zu uns in der Gestalt eines Brotes!

Wir sehen ihn, wir berühren ihn, wir schmecken ihn, wir essen ihn! ... und seine Ewigkeit pulsiert in unserem sterblichen Fleisch.

Das Blut, das in unserem Herzen fließt, ist Sein Blut.

Unsere Brust hebt sich und es ist Er, der atmet.

Ach diese Protestanten mit ihrem Stück Brot und ihrem Schluck Wein, was für ein schönes Sakrament sie haben!

Natürlich, der in das Ideal verliebte Dichter lächelt über eine lächerliche Realität, aber der fanatische Gläubige verzweifelt. **Der Verstand sagt uns, wir sollten die Protestanten bemitleiden.**

„Nein!“, sagt der Glaube zornig, „wir müssen sie bestrafen!

Der Gott, den ich in mir fühle, ist erzürnt und verdammt sie zur Hölle; warum sollte ich sie vor dem Scheiterhaufen retten?"

Halt, elender Mörder! Glaubst du, dass Gott Mensch wurde, damit der Mensch selbst zum Tiger wird?

Du glaubst, du wurdest mit unendlicher Liebe erschaffen, und siehe du erzeugst Hass.

Du hast gedacht, dass du dich vom Himmel ernährst und siehe, du speist die Hölle aus!

Du hast das Fleisch Christi nicht wie ein Christ gegessen, sondern wie ein Kannibale.

Gotteslästerlicher Kommunikant[1] schweige und reinige deinen Mund, denn deine Lippen sind mit Blut beschmutzt.

Es liegt auf der Hand, dass die Religion nicht für die Verbrechen verantwortlich gemacht werden sollte, die in ihrem Namen von der Politik in barbarischen Zeiten begangen wurden.

Viele Ketzer waren gleichzeitig Aufrührer und Verschwörer.

Die Bartholomäusnacht war übrigens eine grausame Kriegslist, deren Tücke sich vielleicht durch die Notwendigkeit erklärt, eine nicht weniger tückische Handlung zu vereiteln.

So versuchten die Königinmutter und Karl IX. ihre Tat zu rechtfertigen. Sicher ist, dass während dieser Zeit beide Parteien zu jeder Untat fähig waren.

Aber, was könnte jemals die Inquisition rechtfertigen?

„Gott wurde Mensch" – mag man entgegnen – und dieses große Wort wurde von Pius V. in einem schrecklichen Sinn und vom heiligen Vinzenz von Paul in einem anbetungswürdigen Sinn verstanden.

– Ja – aber hätte es Gott wirklich bereut, den Menschen gemacht zu haben, wie es in der Bibel steht? Grausame Übertreibung der menschlichen Ungerechtigkeit!

Sie soll so groß sein, dass sie Gott für einen Moment an seinem Werk zweifeln ließ.

---

1) Kommunikant: Jemand, der zum ersten Mal die Kommunion empfängt. (Anm. d. Übers.)

Der Mensch geht so weit, sich selbst zu vergöttern, sogar in seinen Verbrechen und in seinen Träumen, die sich gegen den Ewigen richten.

Es ist die unnachgiebige Auflehnung der Verdammten und folglich der grausam ohnmächtige Hass eines Gottes, der unfähig zur Vergebung ist.

Selbst das ist in seinem Schrecken erhaben, und das katholische Dogma bleibt selbst in seinen gewaltigsten Tiefen bewundernswert für jene Seelen, die seine Poesie verstehen, ohne seinen Verführungen und Betörungen zum Opfer zu fallen.

Gott scheint es zu bereuen, den Menschen erschaffen zu haben, denn von Zeit zu Zeit bereut der Mensch, einen Gott erschaffen zu haben. Die göttlichen Dichtungen folgen aufeinander wie die Zeitalter.

Jupiter entthront Saturn und der Jesus Christus der Päpste herrscht anstelle des Jehova der Juden.

Der Jesus des heiligen Dominikus ist nicht länger Sohn des grausamen Gottes von Moses. Aber die wilden Bestien von Daniel und der Offenbarung müssen unbedingt verschwinden, um Platz zu machen für die Taube und das Lamm.

Gott wird nicht wirklich „Mensch werden“, solange er es nicht erreicht hat, dass alle Menschen so gut sind, wie ein Gott sein sollte.

Das Wesen des Menschen in seiner Entwicklung im Laufe der Zeit entfaltet den Stammbaum der Götter.

Es liegt im Wesen des Menschen, dass der ewige „Alte der Tage“ einen Sohn erzeugt, der dem Vater nachfolgen soll und dass der Geist der Intelligenz, der die beiden Mysterien erklärt, vom Vater zum Sohn weitergegeben wird.

Ist die Dreifaltigkeit nicht aus dem Innersten der Menschheit entstanden?

Fühlt sich der Mensch nicht ewig in drei Personen – Vater, Mutter, Kind? Und ist in der menschlichen Dreifaltigkeit, der Sohn nicht so alt wie der Vater? Denn der Vater ist auch ein Sohn!

Ist die Frau nicht die Unbefleckte Empfängnis der Natur und der Liebe und ist diese Empfängnis nicht unbefleckt?

Denn die Sünde der Liebe endet, wo die Mutterschaft beginnt.

Es gibt eine Jungfräulichkeit in der Heiligkeit der Mutter und da Gott Mensch geworden ist, d. h., da Gott nicht für uns lebt, sich nicht wirklich personifiziert, nicht denkt, nicht liebt, nicht spricht außer als Mensch, ist die ideale Frau, die Frau an sich, die kollektive Frau wirklich die Mutter Gottes.

Es gibt die Erlösung, d. h., Solidarität unter den Menschen, die Guten leiden für die Bösen und die Gerechten zahlen die Schulden der Sünder.

Der Katholizismus ist die Sphinx der Neuzeit. Wenn wir uns in ihre Hände begeben, ohne ihr Rätsel zu lösen, wird sie uns verschlingen; wenn wir es erraten, ohne sie zu beherrschen oder es nur halb erraten, dann werden wir wie Ödipus zu Unglück und selbstverursachter Blindheit verdammt.

Ein intelligenter Katholik sollte seine Kirche nicht verlassen; er sollte dort bleiben, weise unter den Ignoranten, frei unter den Sklaven, um die Ersteren zu erleuchten und die Letzteren zu befreien. Denn, ich wiederhole es, es gibt keine wahre Religion außerhalb des Katholizismus.

Das Grundprinzip einer Religion ist es, irrational zu sein!

Ihre Natur ist es, übernatürlich zu sein.

Gott ist übersubstanziell.

Das Weltall und die universelle Substanz sind die Unendlichkeit, in der Gott sich befindet, denn er ist das Wissen und die Macht des Unendlichen.

Das Unendliche ist die unvermeidliche Absurdität, die sich der Wissenschaft aufdrängt.

Gott ist die paradoxe Erklärung des Absurden, die sich dem Glauben aufdrängt.

Die Wissenschaft und der Glaube können und sollen sich gegenseitig ausbalancieren, um ein Gleichgewicht herzustellen. Sie können niemals verschmelzen. Der ewige Vater ist Jude; der gütige Gott ist Christ. Die Göttlichkeit Jesus Christi, der Papst und der

Teufel sind katholisch; aber die Nächstenliebe, die auch katholisch und in gewisser Weise herausragend ist, wird den Teufel bezwingen und die Götzendiener des Papsttums bekehren.

Die Erbsünde ist jüdisch; die Vergebung ist christlich; die Sakramente sind katholisch. Der Fanatismus ist jüdischen Ursprungs; der gesunde Menschenverstand ist christlich; die Einfachheit und Intelligenz sind katholisch; die anmaßende Torheit ist protestantisch; aber Herr Prudhomme ist ein Protestant, und was noch schlimmer ist, er ist Freimaurer, während Don Juan, Voltaire, Napoleon I., Veuillot, Polichinelle, Pierrot und Harlekin katholisch sind.

Die Philosophie ist christlich oder atheistisch; die Poesie ist katholisch; die egoistische und geschäftliche Gleichgültigkeit ist protestantisch.

Deshalb ist Frankreich Voltairianer, aber trotzdem katholisch, während die Engländer, Preußen und Mxxx Protestanten sind.

„Ja, meine Herren der kirchlichen Hierarchie“, sagte der katholische Galileo, „Die Erde ist unbeweglich, wenn sie es wünschen, es ist die Sonne, die sich dreht.

Ich will noch mehr sagen, wenn Sie es wünschen, ich werde sagen, dass die Erde flach und der Himmel aus Kristall ist.

Gebe Gott, dass Ihr Schädel aus dem gleichen Material besteht, das würde erlauben, dass etwas Licht in Ihre ehrenwerten Gehirne eindringen könnte!

Sie sind die Autorität, vor der die Wissenschaft sich beugen muss; sie kann es sich sogar erlauben, sich zu verbeugen, wenn sie Euch trifft, denn sie ist es, die fortbesteht, und Ihr seid es, die vergehen. Eure Nachfolger werden ihrerseits zweifellos gezwungen sein, sich vor ihr zu verbeugen und in Frieden mit ihr zu leben.“

Rabelais, nicht weniger klug oder ein weniger guter Katholik als Galileo schrieb den folgenden Satz im Prolog des vierten Buches seiner „Gargantua“.

„Wenn ich in meinem Leben, meinen Schriften, meiner Rede und auch in meinen Gedanken eine Spur von Häresie gefunden hätte, hätte ich mit meinen eigenen Händen trockenes Holz gesammelt und ein Feuer entzündet, um mich selbst auf dem Scheiterhaufen zu verbrennen.“

Sehen sie hier Rabelais, den Inquisitor, der sich selbst verbrennt, Rabelais, der der Häresie angeklagt wird?

Das erinnert an einen Gott, der den Tod Gottes befiehlt, um Gott zu besänftigen.

Es ist unerklärlich, wie jedes Mysterium sein sollte, aber umso mehr ist es überwiegend katholisch.

Nichts regt die Fantasie so sehr an, wie das Mysterium, und wenn die Fantasie einmal angeregt ist, elektrisiert und multipliziert sie den Willen zehnfach.

Die Weisen sind aufgerufen, die Welt zu regieren; aber es sind die Verrückten, die sie erschüttern und umwandeln.

Deshalb wird die Verrücktheit von den orientalischen Völkern als etwas Göttliches angesehen.

Tatsächlich ist ein weiser Mann in den Augen der gewöhnlichen Menschen ein Verrückter.

Tatsächlich hat er vielleicht ein paar Körnchen Verrücktheit in sich, denn sehr oft missachtet er den gesunden Menschenverstand, um einen höheren Zweck zu erfüllen.

Moses träumt von einem gelobten Land und zieht in die Wüste mit einer Horde von Sklaven und Hirten, die murren, rebellieren, sich gegenseitig umbringen und an Hunger und Müdigkeit sterben, vierzig Jahre lang.

Moses wird Palästina nie erreichen; er wird sterben, verloren auf dem Berg; aber seine Gedanken werden in den Himmel fliegen und er wird der Welt einen einzigen Gott und ein universelles Gesetzesbuch geben.

Aus dem Schatten von Moses, dessen Körper nicht begraben wurde, wird die unermessliche Herrlichkeit Jehovas hervorgehen.

Er schuf ein Volk und begann ein Buch; ein Volk mit tapferer Mittelmäßigkeit in seiner Ausdauer; ein Volk, zugleich stolz und unterwürfig; ein Buch voller Licht und Schatten, voller Pracht und übermenschlicher Absurdität.

Dieses Volk und dieses Buch werden jeder Gewalt widerstehen, jeder Wissenschaft, allen politischen Systemen, allen Kritiken der Nationen, im Laufe der Zeiten.

Von diesem Buch wird die Zivilisation lernen zu verehren; von diesem Volk werden die Könige ihre Schätze leihen. Und wer wagt es, den Mann vom Roten Meer und Berg Horeb zu verurteilen?

Welcher rationalistische Philosoph würde denken, dass er ein Weiser war; aber wer, der fähig ist, das Große zu schätzen, könnte es wagen, ihn töricht zu nennen?

Sprechen wir nun über Jesus Christus? Hier verneigen wir uns tief vor ihm, den die Hälfte der Sterblichen anbetet. Welcher große Hierophant, welches antike Orakel hätte diesen Gott jemals vorhersagen können?

Welcher Astrologe oder Wahrsager hätte auf die Idee kommen können, zum Kaiser Tiberius zu sagen:

„Derzeit wird ein Jude aus Galiläa, von seinen eigenen Leuten geächtet, von seinen Freunden verleugnet, verurteilt von einem unserer Präfekten, zu Tode gefoltert.

Nach seinem Tod wird er die Cäsaren vom Thron stürzen und diejenigen, die seine unvorstellbare Dynastie fortzusetzen, werden in Rom an eurer Stelle herrschen. Alle Götter des Reiches und der ganzen Welt werden vor seinem Bild fallen; das Werkzeug seiner Qual wird das Symbol der Rettung werden."

Was für eine Torheit wäre das Christentum, wenn es nicht übermenschlich wäre!

Was für ein schrecklicher Glaube – der an Jesus Christus – wenn er nicht Gott wäre!

Können Sie sich eine psychische Krankheit vorstellen, ansteckend genug, um mit ihrem Delirium fast die ganze Menschheit über Jahrhunderte hinweg anzustecken?

Was für eine Sintflut von Blut ließ derjenige fließen, der die blutigen Opfer abgeschafft hat!

Was für ein unversöhnlicher Hass, was für schreckliche Rache, was für Kriege, was für Massaker wurden nicht im Namen dessen, der die Vergebung gepredigt hat, geschürt?

Aber Jesus Christus war mehr als ein Mensch, er war eine Idee; mehr als eine Idee, ein Prinzip. „Ich bin ein Prinzip", sagte er von sich selbst.

Gott ist Mensch geworden, und so wurde auf der ganzen Erde der Kult der Menschlichkeit verkündet. „Emmanuel, Gott ist in uns!“, sagten die Brüder der Rosenkreuzer, eingeweiht in die Mysterien des Gottmenschen, als sie sich umarmten.

Sicherlich ist der Menschensohn gleichzeitig der einzige Sohn Gottes – „Ihr seid eins mit mir, wie ich und mein Vater eins sind. Wer euch hört, der hört mich, und wer mich sieht, der sieht meinen Vater“ – sagte der Meister zu seinen Jüngern. Triumph und Wunder!

Gott ist nicht mehr ein Unbekannter für die Menschen, denn der Mensch kennt den Menschen.

* * *

Gott ist für uns nicht mehr unsichtbar, wenn wir unseren Nächsten sehen.

Er ist der Wohltäter, der uns zu Hilfe kommt, und der arme Mann, dem wir helfen.

Er ist der Patient, der leidet und der Arzt, der heilt. Er ist derjenige, der weint, und der Freund und die Frau! Oh, wie hat das Christentum sie erhoben! Was für eine herrliche These! Die Frau ist die Mutter Gottes, seit Gott zum Mann wurde! Eine Jungfrau, sie können wir mit all unseren Sehnsüchten unendlich lieben; eine Mutter, es genügt nicht mehr, sie zu lieben, wir müssen sie anbeten, wie wir die Gnade und die Vorsehung anbeten. Das Gesetz der Vergebung ist auf ihren Lippen; sie ist Frieden und Barmherzigkeit, Natur und Leben. Sie ist die Unterwerfung in der Freiheit, und die Freiheit, die gehorcht. Sie ist alles, was wir zu lieben verpflichtet sind.

Rezitieren Sie ihr zu Ehren die Litaneien der Jungfrau Maria: „Gegrüßt sei die Himmelspforte, der Elfenbeinturm, das goldene Heiligtum, die geheimnisvolle Rose, das heilige Gefäß der Hingabe, das Gefäß der Ehre, das bewundernswerte Gefäß, der Kelch der Liebe, der Kelch der heiligen Wünsche, der Morgenstern, die Bundeslade ...“

Oh, welche Schreie der Liebe erheben zu Dir, ohne sie begreifen, all diese Märtyrer, die freiwillig zur ewigen Witwenschaft verdammt sind! Oh, die verzweifelten Seufzer all jener Sünder, die nach einem Getränk dürsten, das ihnen immer wieder entgleitet, hungrig nach Früchten, die ihren Lippen verboten sind! Erhabene Träumer, sie verzichten auf die Frau, um den Himmel zu gewinnen, als ob der Himmel etwas wäre ohne die Frau, als ob die Frau nicht die Königin des Himmels wäre!

„Oh, Sünde von Adam! Glückliche Sünde!“, wie die Kirche in ihrer Liturgie singt, „Glückliche Sünde, die es verdient hat, Gott selbst als ihren Erlöser zu haben! Oh, Sünde Adams, eine Sünde, die wirklich unvermeidlich ist!“

So werden in den heiligen Liedern die intimen Geheimnisse des Heiligtums verkündet; aber gerade diejenigen, die diese geheimnisvollen Worte wiederholen, begreifen ihren wahren Sinn nicht in ihren Herzen, die unter der Asche noch glühen, sie beschuldigen sich selbst eines Verlangens, als ob dieses Verlangen eine Schande wäre — und eines Bedauerns — als ob dieses Bedauern eine Untreue wäre! Religion ist also die Überhöhung des Mannes und die Erhebung der Frau.

Das Verständnis der Religion ist die Emanzipation des Geistes, und die Bibel der Hierophanten ist die Bibel der Freiheit. Zu glauben, ohne zu wissen, ist Schwäche; zu glauben, weil man weiß, ist Macht.

16 - Die Religion ist die durch die Autorität genehmigte Magie

Paradoxon II

Freiheit ist Gehorsam gegenüber dem Gesetz

„Wo der Geist Gottes ist, da ist Freiheit“, sagt die Heilige Schrift. „Ihr werdet die Wahrheit erkennen, und die Wahrheit wird euch frei machen“, sagte Jesus Christus.

„Wir müssen uns von der Knechtschaft des Gesetzes befreien, damit wir im Geiste frei sind“, sagt der große Apostel, und weiter fügt er hinzu: „Um einem Preis seid ihr erkauft worden.“

„Das Gesetz wurde für den Menschen gemacht und nicht der Mensch für das Gesetz“, sagte der göttliche Meister.

Die Freiheit ist das Ziel der menschlichen Existenz; nur in der Freiheit sind Rechte und Pflichten des Menschen versöhnt; darin besteht seine Persönlichkeit und seine Autonomie. Dies allein kann ihn geeignet für die Unsterblichkeit machen und würdig, sie zu besitzen.

Uns von der Sklaverei der Leidenschaften, von der Tyrannei der Vorurteile, von den Irrtümern der Unwissenheit, den Schmerzen der Angst und den Ängsten der Begierde zu befreien, das ist das Lebenswerk.

Es ist die Frage von Sein oder Nicht-Sein. Nur der freie Mensch ist ein Mensch; Sklaven sind nur Tiere oder Kinder.

Der heilige Augustinus hat das Gesetz in diesem schönen Satz zusammengefasst: „Liebe und tue was du willst“. Der freie Mensch kann nur wünschen, was gut ist, denn alle Bösen sind Sklaven.

Nach dem Geist unserer (katholischen) Symbole ist die Freiheit des Menschen das große Werk Gottes; deshalb lässt er zu, dass eine Hölle ausgehoben wird und der abscheuliche Schatten des Teufels selbst in den Himmel aufsteigt. Deshalb zieht er die Leiden der verfluchten Menschheit der königlichen Ruhe der Gottheit vor. Gott sehnt sich nach dem Kreuz des Übeltäters und will sich durch Leiden das Recht erobern, Rebellion zu vergeben, damit er nicht ein Despot ist, der seine Allmacht missbraucht. Die Frau war kühn: sie wollte wissen; der Mann war erhaben: er wagte zu lieben; und Gott, der sie züchtigt, während er sie bewundert, scheint eifersüchtig auf die Geduld seiner Kinder geworden zu sein.

All dies ist eine Offenbarung, sowohl poetisch als auch esoterisch. All dies entspringt dem Verstand und dem Herzen des Menschen. Wenn der Mensch frei sein will, dann deshalb, weil er seine hohe Würde spürt. Der ewige Geier kann sich von Prometheus Leber ernähren, aber der große Mut des Gequälten wächst und wird mit jedem neuen Versuch neu geboren.

Jupiter rächt sich, aber er fürchtet sich. Wer das ganze Blut seines Herzens geben wird, um die Wunden des Prometheus zu heilen und an seiner Stelle zu leiden, der wird Jupiter entthronen und sich mehr als Gott erweisen als er.

Emanzipation, Freiheit, dies ist das letzte Wort der Symbole. Jesus stieg in die Unterwelt hinab, um die Sklaverei des Todes zu beenden, und als er zum Licht aufstieg, zog er die versklavte Gefangenschaft hinter sich her.

Es wird der Tag kommen, an dem nur noch der Tod stirbt. Nur Fluchende werden verdammt, und durch den Geist des Lichts, der will, dass alle Menschen gerettet werden, werden alle zur Erkenntnis der Wahrheit kommen. Nachdem Gott alle Menschen für den Fehler eines Einzelnen verantwortlich gemacht hat, kann er ihnen allen aufgrund des Verdienstes eines Einzelnen vergeben. Gott wird das Gute siegen lassen, und das Böse wird vernichtet.

Die Zeit wird kommen, in der man verstehen wird, dass es keine wahre Religion ohne Freiheit und keine wahre Freiheit ohne Religion geben kann. Aber in der heutigen Zeit scheinen sich Religion und Freiheit gegenseitig auszuschließen und zu bekämpfen.

Wie die Religion hat auch die Freiheit ihre Märtyrer, und sie wird sich gegen die Autorität erheben, solange die Kirche die Rechte der Freiheit verweigert.

„Sollen wir den Menschen die Freiheit des Gewissens zugestehen?“, fragten unsere Doktoren die Kirche, und Rom antwortete mit Nein. Das bedeutet einfach, dass die Kirche nicht auf die Führung derer verzichtet, die auf sie hören.

Die Freiheit ist nicht gegeben, sie muss ergriffen werden, oder besser gesagt, es ist die Natur, die sie uns mittels der Wissenschaft gewährt. Zu fragen, ob den Menschen – den wirklichen Menschen – Gewissensfreiheit gewährt werden soll, ist wie die Frage: „Sollen wir anerkennen, dass sie einen Kopf und ein Herz haben?"

– Wusste Galileo nicht, dass sich die Erde dreht – auch nachdem er seine klugen Ausführungen zurückgezogen hatte!

– Wird die Zivilisation rückwärts gehen, weil es einen Syllabus gibt?

– Wenn der Papst uns verbieten würde, voranzugehen, würden wir den Papst grüßen und unseren Weg fortsetzen.

Wenn der Heilige Vater von uns gehört werden will, soll er selbst anfangen zu gehen. Es ist höchste Zeit für den Hirten, aufzustehen, wenn seine Herde weiterzieht. Halt wird jemand sagen: „Ihr Titel als Katholik erlaubt Ihnen nicht, so zu sprechen".

– Einverstanden. Wenn die rechtmäßige Autorität mir Schweigen auferlegt, werde ich meinen Mund schließen, aber … die Erde dreht sich doch! Das Gewissen ist unantastbar, weil es göttlich ist; es ist in Wahrheit das Einzige, was im Menschen wesentlich und absolut frei ist.

Außerhalb des Bewusstseins, wo würde man die volle Verwirklichung dieses Ideals – der Freiheit – finden?

Von der Wiege an ist der Mensch dem Joch tyrannischer Notwendigkeiten unterworfen, und, ob er will oder nicht, ist er sein ganzes Leben lang gezwungen, diese schwere Kette vielfältiger Verpflichtungen zu tragen, die ihm die Gesellschaft und die Natur wechselseitig aufzuerlegen versuchen.

Wahrheit und Gerechtigkeit sind strenge Geliebte. Die Liebe ist ein oft grausamer Despot.

Für diejenigen, die nicht reich sind, gibt es die täglichen Notwendigkeiten des Lebens: Es gibt keine Alternative zwischen dem Joch der Arbeit und dem Ergasterion des Elends.

Diejenigen, die als die Meister und Glücklichen dieser Welt bezeichnet werden, haben andere Feinde und andere Ketten. Das ist so wahr, dass Alexander der Große den Zynismus – halb Dummheit und halb Gleichgültigkeit – von Diogenes zu beneiden begann.

Aber sowohl Diogenes als auch Alexander waren nur die beiden Extreme der paradoxen Eitelkeit; beide, Sklaven ihres Stolzes, waren keine freien Menschen. Freiheit ist der volle Genuss aller Rechte, die nicht mit einer Pflicht kollidieren.

Durch die Erfüllung von Pflichten werden Rechte erworben und gewahrt. Der Mensch hat das Recht, seine Pflicht zu tun, weil er gezwungen ist, seine Rechte zu wahren.

Selbstlosigkeit ist nur die Sublimierung der Pflicht, und sie ist zugleich das erhabenste aller Rechte.

Ein Mensch kann sich einem anderen Menschen hingeben, aber das bedeutet nicht, dass er sich zu dessen Sklaven macht; er kann seine Freiheit hingeben, aber er kann sie nicht aufgeben, ohne eine Art moralischen Selbstmord zu begehen.

Ein Mensch kann sein Leben dem Triumph einer Idee widmen, aber er kann sich das Recht auf geistige Expansion und Hingabe an ein anderes Objekt vorbehalten, wenn er es für würdiger hält.

Das ewige Gelübde ist die Bejahung des Absoluten im Relativen, des Wissens im Unwissen, des Unwandelbaren im Vergänglichen, des Widerspruchs in allen Dingen.

Es ist also eine nichtige Verpflichtung, weil sie wagemutig und absurd ist: sie zu bereuen und sich von ihr zu befreien – wenn man seine Torheit erkannt hat – ist mehr als ein Recht, es ist eine Pflicht.

Es ist wahr, dass die Kirche, deren Entscheidungen in Glaubensangelegenheiten maßgebend sind und von allen Katholiken respektiert werden müssen, ewige Gelübde gutheißt, aber nur, wenn sie aus übernatürlicher Gnade resultieren. Solche Gelübde sind vor der Natur nichtig, aber in der übernatürlichen Ordnung sind sie heilig und unantastbar.

Auch die Ehe ist eine lebenslange Verpflichtung, die von der Natur nicht immer ratifiziert wird.

Daraus folgt sowohl die gerechte, aber nutzlose Strenge der Moral, als auch die Verderbtheit der Moral.

Daher der ständige Gegensatz zwischen den Tränen und dem Blut der ehelichen Tragödie und der unerschöpflichen Fröhlichkeit der Romane und Komödien.

Moses ist schrecklich, als er vom Sinai herunterkommt, mit Hörnern auf der Stirn … Aber warum Hörner?

„Weil er verheiratet war“, könnte so mancher Witzbold antworten, ohne rot zu werden und „weil er vierzig Nächte lang das Ehebett verlassen hatte“.

Alte Witze respektieren nichts.

Die beiden größten Freidenker, die die Welt hervorgebracht hat, waren Rabelais und La Fontaine, Altmeister in der Kunst des Gallizismus und, nebenbei bemerkt, ausgezeichnete Katholiken, frei von jedem Verdacht der Ketzerei.

Rabelais hatte religiöse Gelübde abgelegt und besaß das Geschick, vom Papst geduldet zu werden.

La Fontaine war verheiratet und lebte nicht mit seiner Frau zusammen; aber was für gewandte Magier waren diese Männer!

Was für Apostel der reinen und offenen Wahrheit!

Das Werk von Rabelais ist sozusagen die Bibel des gesunden Menschenverstandes und der unerschütterlichen Fröhlichkeit; das von La Fontaine ist das Evangelium der Natur.

Rabelais hielt die Messe ab, und wenn La Fontaine zu seiner Zeit gelebt hätte, hätte er sie sicher besucht, während er die Prophezeiungen des Baruch las.

Man muss tun, was man will, wenn man tun will, was man tun muss. Dies ist das Gesetz der Freiheit!

Mit anderen Worten, jeder Mensch hat das Recht, seine Pflicht zu tun, aber die erste Pflicht des Menschen wird durch das erste Gebot des Dekalogs vorgegeben: „Du sollst nur einen Gott anbeten und nur ihm gehorchen.“

Und Jesus, der dieses Gebot auf eine etwas paradoxe Weise erweitert, zögert nicht, hinzuzufügen: „Ihr sollt niemanden in dieser Welt Meister oder Vater nennen, denn Gott allein ist euer Meister und euer Vater.“

Der heilige Johannes, der enge Vertraute der Gedanken Jesu, sagt uns, Gott ist das Wort oder die Vernunft ist und „das Wort war Gott“. Deshalb haben und müssen wir nur die Vernunft, das heißt das Wort, das spricht, als unseren Meister anerkennen. „Denn“, fügt der heilige Johannes hinzu, „das Wort ist das wahre Licht, das jeden Menschen erleuchtet, der in diese Welt kommt.

Und Jesus sagte von sich selbst: „Ich bin das Prinzip, das spricht“.

Nun kann jeder Mensch, der nach der Vernunft spricht, sagen: „Ich bin die Vernunft“, und man muss tun, was er vorschreibt, und vermeiden, was er verbietet; denn der Wille der Vernunft siegt über die Launen des Menschen. Eine Laune, das ist die Wahl der Vergnügungen; wir können willkürlich wählen und uns Vergnügungen aussuchen, wie wir wollen, wenn es sich um Vergnügungen handelt, aber nicht, wenn eine Pflicht auferlegt wird, denn dann sind wir verpflichtet, sie anzunehmen und zu erfüllen.

Die Pflicht erdrückt den, der sich ihr zu entziehen sucht; aber sie stützt und trägt liebevoll den, der sie erfüllt.

Zu wollen, was man tun soll, heißt zu wollen, was Gott will; und wenn der Wille des Menschen mit dem göttlichen Willen identisch ist, wird er allmächtig.

Dann werden die Wunder des Glaubens vollbracht; dann können wir befehlen, dass die Berge versetzt werden und die Obstbäume ins Meer verpflanzt werden. Worte unseres Erlösers, die nicht wörtlich zu nehmen sind.

Das Wort der Vernunft ist wirkungsvoll, weil es den Zweck will und die Mittel bestimmt.

Es ist offensichtlich, dass sich weder die Berge noch die Bäume von selbst von einem Ort zum anderen bewegen werden.

Aber die Macht steuert die Materie, und der Gedanke lenkt die Macht.

Der Glaube benutzt das Wissen, und das Wissen leitet den Glauben. Gott selbst kann nichts gegen die Vernunft tun, die das Gesetz der Gerechtigkeit ist, denn Gerechtigkeit, Gesetz und Vernunft sind Gott selbst.

Gott hält den Lauf der Sonne und des Mondes nicht an, um Josua zu erlauben, einige Kanaanäer zu töten, und der Bericht über ein solches Wunder kann nur eine jener übertriebenen Fiktionen sein, die in der östlichen Poesie üblich sind.

Gott weist ein Volk nicht zurück, nachdem er es auserwählt hat, noch ändert er die Religion dieses Volkes, nachdem er sie ihm als ewig gegeben hat.

Willkürliche Befehle, Gefälligkeiten, Privilegien, Zorn, Zurückweisungen, Vergebung … all das gehört nur zur menschlichen Schwäche. Aber um Kinder allmählich die Vernunft verstehen zu lassen, ist es manchmal notwendig, ihr einen Anschein von Torheit zu verleihen. Die Kindheit ist von Natur aus ein wenig töricht: sie braucht absurde Märchen und sensationelles Spielzeug.

Sie muss ihre automatischen Puppen haben, ihre Tiere, die sich durch einen Mechanismus bewegen.

Es ist wahr, dass dies alles bald zerbrochen wird, „um zu sehen, was drin ist".

So zerbricht die Menschheit, eine nach der anderen, alle ihre kindischen Religionen.

Die einzig wahre Religion ist die ewige Religion. Die einzig wahre Frömmigkeit ist die unabhängige Frömmigkeit.

Der wahre Glaube ist der absolute Glaube, der alle Symbole erklärt und sich über alle Dogmen erhebt.

Der wahre Gott ist der Gott der Vernunft, und seine Verehrung ist Liebe und Freiheit.

Die Christen taten gut daran, die Götzen zu zerschlagen, weil bestimmte Männer versuchten, sie zu zwingen, diese Götzen anzubeten.

Die Protestanten hatten Recht, die Heiligenbilder mit Füßen zu treten, sie zu verbrennen, denn um sie zu zwingen, diese zu verehren, gab es Menschen, die die Protestanten selbst verbrannten.

Und doch, was könnte göttlicher sein als die Meisterwerke von Phidias und die Jungfrauen von Rafael?

Ist nicht die Verehrung der Bilder die Verehrung der Kunst, und war nicht die prächtige Religion der Griechen eine der anmutigsten und reizvollsten Formen der universalen Religion?

Ich verehre die göttliche Majestät, wenn ich vor Phidias Jupiter stehe, die unsterbliche Schönheit in der Venus von Milo, die

Göttlichkeit des Menschen in Michelangelos Christus, den himmlischen Traum in Fra Angelicos Paradies.

Wenn man mir aber, um mich zur Anbetung des einen oder anderen Meisterwerks zu zwingen, Schafotte oder brennende Scheiterhaufen zeigt … verachte ich den Vollstrecker und wende mich von den Götzen ab. Oh Torheit der menschlichen Tyrannei!

In Frankreich, dem Land, dessen Name Freiheit bedeutet, sind vor dem Idol der Freiheit Schafotte errichtet worden. Doch Robespierre und Marat verfluchten die Inquisitoren, wie die Inquisitoren Nero und Diokletian verflucht hatten.

Marat und Robespierre wurden ihrerseits von späteren Attentätern verflucht, und die Freiheit bleibt ein blutiges Paradoxon, ein Idol, das nach Opfern giert.

Bis zum heutigen Tag ist die Welt ein großes Irrenhaus geblieben. Darunter waren viele, die jemanden ergriffen und zu ihm sagten: „Verehre meinen Pantoffel … oder ich verbrenne dich!"

Wenn der Mann, der in ihre Fänge geriet, klug war, gab er vor, den Pantoffel zu verehren – vielleicht war er dabei weder heuchlerisch noch götzendienerisch. Das eigentliche Opfer ist der arglose Mensch, der es ernst nimmt, sich traurig wehrt und zum Märtyrer wird.

Der Überdruss, der immer auf Ausschweifungen folgt, führt den Menschen in den Wahnsinn des Selbstmords, und die Orgien der Dekadenz mussten zwangsläufig zur Epidemie des Martyriums führen. In jenen Tagen gingen junge Frauen zum Scheiterhaufen wie zu einem Ball; fanatische Mütter schleppten ihre Kinder zur Schlachtbank; Henker, des Tötens müde, warfen ihre Äxte hin und baten um den Tod.

„Zieht eure Halskrausen aus", schrieb Tertullian an die christlichen Frauen, „und macht euren Hals frei, um Platz für das Schwert des Henkers zu machen".

Kinder spielten Märtyrer und einer wurde gesehen, wie er Eisenstücke zum Glühen brachte, um sie auf seine Hand zu legen.

Die römische Grausamkeit provozierte eine Reaktion, und der Geschmack an der Folter als Zurschaustellung schuf den Wunsch, sie als neue Sensation zu erleben.

Polygnotus und Nearchus, die eine religiöse Zeremonie unterbrachen und die Altäre ihrer Götter vor den Augen des entsetzten Volkes umstürzen, scheinen sie als vernünftige Wesen gehandelt zu haben? Und nun?

Hat nicht der heilige Paulus die Torheit des Kreuzes vorausgesagt, und hat nicht Jesus selbst einen Aufruhr im Tempel in Jerusalem verursacht? „Er war Gott", könnten Sie sagen.

Einverstanden, aber menschlich gesehen war sein Verhalten äußerst irregulär und unvorsichtig. In diesem Punkt würden Sie mir zustimmen, wenn Sie es wagen würden. Ist es rechtmäßig, unter dem Vorwand, dass man Gott ist, weniger klug zu sein als ein gewöhnlicher Mensch, ein weiser Mensch?

Das ist es, was man zu fragen geneigt ist, obwohl man dazu kein Recht hätte, wenn man die Evangelien als historisch akzeptiert.

Aber die Evangelien sind mehr als historisch: sie sind Lehren und Symbole.

Gott missbilligt den Handel mit heiligen Dingen; er will keine Händler in seinem Tempel, und die Händler müssen mit der Peitsche vertrieben werden. Ihre Geschäfte müssen umgestürzt und ihr Geld mit Füßen getreten werden.

Das ist alles, was uns die Legende (oder, wenn Sie es vorziehen, das Heilige Evangelium) über die aus dem Tempel vertriebenen Händler erzählt. Hier verneige ich mich und schweige.

Alles ist schön in unserer Religion, wenn man sie zu verstehen weiß.

Alles in unserer Religion ist wahr, und ich würde sogar wagen zu sagen, dass jede Religion wahr ist, abgesehen von Auslassungen, Vertauschungen, falschen Bedeutungen, unüberlegten Vermutungen, Ergänzungen, Einbildungen und Missverständnissen.

Die Freidenker müssen endlich einsehen, dass sie, wenn sie nicht unaufhörlich gegen eine der energischsten Kräfte der menschlichen Natur (den unwiderstehlichen Drang, an etwas Unendliches zu glauben und es zu verehren) kämpfen wollen, an die Menschheit glauben müssen, an eine Menschheit, die in gewisser Hinsicht größer ist als die Natur, um immer zu ihr aufzusteigen, sich in ihr zu läutern, durch sie zu erobern und zu herrschen.

Voltaire wollte die Religion nicht zerstören; er wollte sie nur auf den reinen Deismus reduzieren. Sein Motto war „Gott und Freiheit“.

Er, der sich für einen Dichter hielt und doch nichts von der großen epischen Dichtung der Symbole hörte, die von verhängnisvollen Kräften ausgeht, um zur Intelligenz und zur Freiheit zu gelangen, er tritt die Sonnen, das heilige Feuer Zarathustras, mit Füßen, erlaubt Prometheus dieses Feuer zu rauben trotz des Verbots von Jupiter, verehrt die Kraft, die ihn zu Füßen der Schönheit fesselt, durchquert das prächtige und fast unendliche Gebiet der glorreichen Träume und vollendet schließlich seine Synthese in der Realität des Menschen.

Gott ist nicht mehr der unsichtbare, fantastische, einsame Riese, der in den unergründlichen Tiefen des Himmels verborgen ist. Er ist unter uns; er ist in uns; er ist von der Frau geboren; er ist ein Säugling, dessen Schreie wir hören; er ist ein Heranwachsender, der denkt und liebt, ein Verbannter, ein Geächteter, der kämpft und leidet, ein Freidenker, der protestiert, ein Reformer, der alle, die verkaufen oder kaufen, aus dem Heiligtum vertreibt. Er ist ein verfluchter Mann, der segnet und von den Toten aufersteht. Es ist der reine Mann, der der Ehebrecherin vergibt, der Arzt, der heilt ... aber es ist auch der Kranke, der hofft, der Gelähmte, der aufsteht und geht, der Blinde, der seine Augen für das Licht öffnet.

„Die anderen sind ich“, sagt der Herr, „und wer mich sieht, sieht auch meinen Vater.

Was dem Geringsten unter ihnen getan wird, das wird auch mir getan, und Gott ist in mir, wie ich in ihm bin.“ … Spricht Jesus nur von dem auserwählten Volk des gesegneten Geschlechts Abrahams?

Nein, denn er segnet auch den barmherzigen Samariter, den Hauptmann von Rom, die Frau von Kanaan und die riesige Schar der Nationen, die Er in einer Schar zu sammeln hofft.

Wer also den Armen Brot gibt, gibt es Gott; wer den Betrübten tröstet, tröstet Gott; wer einen Ungläubigen segnet, segnet Gott; wer seinem Nächsten Unrecht tut, tut Gott Unrecht; wer seinen Nächsten verflucht, verflucht Gott; und wer einen Menschen tötet, begeht Gottesmord.

Was hätte Jesus von dem rücksichtslosen Priester und dem Leviten gehalten, wenn sie den barmherzigen Samariter als Schismatiker exkommuniziert und zum Tode verurteilt hätten, und den verwundeten Mann von Jericho, weil er dankbar die Hilfe und Pflege eines Ungläubigen annahm?

Was wäre sein Urteil über jene Inquisitoren gewesen, die den lebendigen Gott gefangen hielten, folterten und verbrannten? Aber der Gott dieser Menschen war der Teufel, und ihre Religion war die des Antichristen. Der Mensch hat kein Recht, einen anderen Menschen zu töten, außer in Notwehr.

Die Hinrichtung eines Verbrechers ist ein Unglück des Krieges, in einer noch nicht christlichen Gesellschaft, aber derjenige, der hingerichtet wird und die Sühne annimmt, ist in unseren Augen der Vater des guten Diebes, der am Kreuz an der Seite des Erlösers stirbt, und wir müssen in ihm Gott sehen, der sich von der Bestie trennt.

Das Verbrechen ist keine menschliche Handlung. Ein Opfer ist göttlich, wenn es freiwillig ist.

Homo sum humani a me nil alienum puto. „Ich bin ein Mensch und nichts Menschliches kann mir fremd sein." Das ist es, was Gott der Welt im Geist der christlichen Offenbarung gesagt hat.

Lasst uns Gott in der Natur suchen; lasst ihn uns im Geist und in der Wahrheit anbeten; lasst ihn uns lieben und ihm dienen in der Menschheit. Dies ist die ewige und endgültige Religion. Und wenn das Oberhaupt der menschlichen Familie diesen Weg betreten hat, werden wir mit Voltaire sagen können:

„Gott ist Freiheit …", denn dann wird der Mensch Gott verstehen und der Freiheit würdig sein.

Paradoxon III

Liebe ist die Verwirklichung des Unmöglichen

Die Liebe ist die Allmacht des Ideals. Die Seele steigt durch das Ideal auf; sie wird größer als die Natur, lebendiger als die Welt, höher als die Wissenschaft, unsterblicher als das Leben.

Als Jesus Christus sagte: „Liebe Gott von ganzem Herzen und deinen Nächsten wie dich selbst, das ist das Gesetz der Propheten", wollte er sagen: „Liebe! Liebe! Du bist über allen Dingen, denn Gott ist unendliche Liebe. Darüber hinaus sollst du deinen Nächsten lieben wie dich selbst, was bedeutet, liebe dich selbst in deinem Nächsten."

Wenn der Egoismus richtig gelenkt wird, beginnt er bei anderen.

Zu lieben heißt zu leben; zu lieben heißt zu wissen; zu lieben heißt fähig zu sein; zu lieben heißt zu beten, zu lieben heißt der Mensch-Gott zu sein. Die Frau wagte es, sich selbst zu verlieren, um die Göttlichkeit zu pflücken und sie dem Mann anzubieten; und der Mann, der nicht nach Göttlichkeit dürstete, da er die Frau besaß, machte es sich einfach und folgte seiner Gefährtin in den Tod.

Hier beginnt die Inkarnation Gottes. Eva zwang Gott zur Menschwerdung, denn sie war Mutter geworden.

Tod und Hölle hatten sich erhoben, schrecklich mit ewiger Bedrohung, und ein Augenblick der Liebe hatte sie besiegt.

„Die Liebe ist stärker als der Tod" sagt das Hohelied der Liebe. Sie ist unwiderstehlicher als die Hölle. Liebe ist das ewige Feuer, das keine Sintflut auslöschen kann. Gib für ein wenig Liebe alles, was du besitzt, alles, was du dir erhoffst, alles, was dir wertvoll ist, alles, was du bist, dein Blut, dein Herz, dein Leben, deine Seele und du wirst sie umsonst gekauft haben!

Wer seine Seele rettet, indem er ihr die Liebe opfert, verliert seine Seele; und wer seine Seele aus Liebe verliert, rettet sie.

„Dem Herzen, das viel geliebt hat, wird viel vergeben werden“, und es war Jesus selbst, der dies sagte.

Er hatte Magdalena als seine Gefährtin und Freundin, und es war die Frau aus Samaria, eine Sünderin, die er um Wasser bat, um seinen Durst zu stillen. Er vergab der Ehebrecherin und sagte, dass Kurtisanen in den Himmel kommen würden „vor den Pharisäern und den Doktoren des Gesetzes, weil die Fehler der Liebe entschuldbarer sind als die des Stolzes“ und dass „es besser ist, schlecht zu lieben als gar nicht zu lieben“.

In der absoluten Moral ist das Gute die Liebe, das Böse der Hass. Die Liebe muss geliebt werden; nur der Hass muss gehasst werden. „Ein einziges hasserfülltes Wort verdient die Hölle“, sagt das Evangelium, also verdient ein einziges Wort der Liebe doppelt den Himmel, denn die Liebe belohnt großzügiger als der Hass straft.

Und ist nicht die Liebe selbst ihre eigene Belohnung? Hat nicht derjenige, der liebt, den Schlüssel zum Paradies gefunden? Für die heilige Therese war das Kriterium der Hölle die Unfähigkeit zu lieben; dies erschien ihr so schrecklich, dass sie Satan bemitleidete.

„Der Unglückliche! Er kann nicht mehr lieben!“, sagte sie immer. Eine Frau, die den Teufel bemitleidet … Was für eine Reform des Christentums! Wenn die Welt gelernt hat zu lieben, wird sie gerettet werden. Der Mann, der wirklich zu lieben weiß, zieht alle Seelen zu sich.

Begehren ist nicht lieben. Fordern ist nicht lieben. Versklaven ist nicht lieben. Eifersucht ist Selbstsucht unter der Maske der Liebe. Übermäßiges Verlangen erzeugt Abneigung; Forderung zieht verdiente Ablehnung nach sich; Tyrannei erregt Rebellion in den Starken und Verrat in den Schwachen.

Eifersucht ist abscheulich und lächerlich. Das Herz zu hassen, das uns nicht mehr liebt, heißt das nicht, es dafür zu bestrafen, dass es uns geliebt hat?

Eifersüchtige Wut ist wütende Undankbarkeit.

Aber es gibt eine erhabene Eifersucht, die nur der Eifer der Liebe ist, und die, um der Ehre der Liebe willen, die Ehre des Geliebten begehrt. Denn der Geliebte hört nie auf, das höchste Ideal der Seele zu sein, das Trugbild des Absoluten.

Zuneigung und flüchtige Launen sind keine Liebe.

Wahre Liebe ist das Begreifen Gottes im Menschen; sie ist die Essenz von Religion, Ehre, Freundschaft und Ehe.

Liebe ist nicht nur unsterblich, sondern sie ist es, die die Seele unsterblich macht.

Sie wird weder alt noch verändert sie sich; aber es gibt Herzen, die sich von ihr abwenden, wie sich die Erde von der Sonne abwendet, wenn sie sich nach Schlaf sehnt – und dann scheint die Kälte der Nacht auf die Seele zu fallen.

Die Liebe ist das Prinzip des Lebens auf der physischen Ebene. Auf der spirituellen oder metaphysischen Ebene ist sie das Prinzip der Unsterblichkeit. Zurückgehend zum Ursprung der Dinge und sich von dort auf alle Wesen ausbreitend, wird die Liebe Frömmigkeit, Nächstenliebe und Güte genannt. Wenn sie Respekt aus Pflichtgefühl fordert, wird sie Ehre genannt. Sie ist die große Quelle der menschlichen Individualität.

Die Liebe ist eindeutig unsterblich, denn sie gibt dem Tod nichts; sie trotzt ihm, verachtet ihn und macht ihn oft zu ihrem Glück und zu ihrem Ruhm.

Was ist ein Märtyrer, wenn nicht ein Zeuge, der die Ewigkeit des Lebens trotz Folter und Tod bejaht?

Liebe bestätigt sich vollkommen selbst. Wo Liebe ist, gibt es keine Angst; die Liebe drängt sich dem Leben auf, gibt ihm seine Befehle und kann keine Befehle von ihm annehmen. Im Menschen muss die Liebe frei sein. In der Natur ist sie nur die Frucht des Schicksals – eine tödliche Frucht. Sie hat zwei gegensätzliche Kräfte – wie ein Magnet – sie zieht an und stößt ab, erschafft und vernichtet.

Sie ist der Bruder des Todes, aber ein älterer Bruder. Dies ist der Gott, dessen Priester der Tod ist, der Gott, der den Tod mit seiner eigenen Schönheit kleidet, während der Tod ihm mit seinen ewigen Opfern huldigt.

Die Liebe hat einen Schatten, den die Menschen Hass nennen; dieser Schatten ist notwendig, damit sie ihre Pracht zeigen kann.

Die Schönheit ist ihr Lächeln, das Glück ihre Freude, die Missbildung ihr Kummer, das Leiden ihr Beweis.

Der Krieg ist ihr heißes Fieber, die Leidenschaften sind ihre Krankheiten, die Weisheit ist ihr Triumph und ihre Ruhe.

Sie ist blind, aber sie trägt eine Fackel; sie ist Luzifer – sowohl Engel als auch Teufel –; sie ist Verdammnis und Erlösung.

Sie ist Eros, der von Anteros im Gleichgewicht gehalten wird; sie ist St. Michael, der auf Satan wie auf einem Podest steht.

Das große Arkanum der Magie ist das Geheimnis der Liebe.

Die Liebe lässt Engel sterben und gibt Dämonen Unsterblichkeit. Sie verwandelt Sylphen, Undinen und Gnome in Frauen und lässt die Egregoren auf die Erde zurückkehren.

Es ist Liebe, die Pandora dem Prometheus versprochen hat; es ist für Pandora, dass Prometheus Herz unter den Krallen des Geiers immer wieder neu geboren wird, und es ist für Prometheus, dass Pandora immer die Hoffnung behält. Der Himmel ist der Lobgesang der erfüllten Liebe, die Hölle ein Gebrüll der enttäuschten Liebe. Aber, wie ein großer Dichter sagte, ist der Schatten der Hölle sichtbare Dunkelheit, denn es bleibt immer etwas Licht in der Nacht.

Wenn die Hölle nicht in der Liebe einen gültigen Grund für die Existenz hätte, wäre sie ein Verbrechen Gottes. Die Hölle ist das Laboratorium der Erlösung, und sie ist ewig, damit auch das Werk der Wiederherstellung ewig sein kann. Denn Gott war schon immer und wird immer das sein, was er ist. Das ewige Leiden ist der Schrei des ewigen Gebärens.

Auf den Darstellungen des Evangeliums erscheinen zwei Frauen am Fuß des Kreuzes des Erlösers. Die eine, stehend und verhüllt, regungslos und bleich wie eine Marmorstatue, in der Majestät ihres Schmerzes, ist die unbefleckte Jungfrau, die Mutter, die ohne Sünde empfangen hat.

Die andere, auf dem Boden liegend und klagend, ihr Haar und ihre Kleider in Unordnung, ihre Augen gerötet von Tränen, ihr Busen bebend vor Schluchzen, ist die Sünderin, Maria Magdalena, verstoßen von der Welt, gesegnet von dem, der stirbt. Neben Christus krümmen sich zwei Männer in höchster Agonie, zwei Übeltäter, der eine reumütig, der andere verhärtet.

Jesus sagte zu einem von ihnen: „Ich vergebe dir …“ Aber er sagte nicht zu dem anderen: „Ich verdamme dich.“ Jesus litt still mit ihm und für ihn. Unwiderrufliche Verdammnis ist die ewige Ächtung, die der Hass mit sich bringt; es ist das unheilbare Leiden des Wesens, das niemals lieben wird.

Unfreiwillige Liebe ist kein Gefühl, das dem Menschen eigen ist; es ist der Instinkt, der der ganzen Natur eigen ist: das Tier wählt nicht die Verlockung, der es nachgibt; nur der Mann hält den goldenen Apfel in der Hand, den der Himmel für die Schönste bestimmt hat. Wäre der Mann weiser, so würde er Minerva wählen; wäre er mächtig, so wäre Juno sein Favorit; ist ihm aber die Befriedigung der Sinne genug, so wird es Venus sein, der er den Apfel anbietet.

Das ist es, was Paris, der Feigling, getan hat. Agamemnon hätte Juno gewählt; er wurde von Klytaimnestra ermordet.

Odysseus bewunderte nur Minerva, also nahm er Penelope zur Frau und triumphierte über die Sirenen, über Calypso, Circe, etc. Er entkam den Händen des Polyphem, dem Zorn des Neptun …, zermalmte Feinde und Rivalen unter seinen Füßen und erlangte schließlich sein Brautbett und seinen Thron zurück.

Homers Gedichte sind göttliche Lehren, deren Charaktere Symbole sind. Agamemnon und die beiden Ajaxe verkörpern den dreifachen Schein von Macht, Tapferkeit und Rebellion.

Achilles ist Wut; Paris ist Vergnügen; Nestor ist Erfahrung, die spricht; Odysseus ist Intelligenz, die handelt. Die Werke des Letzteren stellen die Prüfungen der Einweihung dar und entsprechen in diesem Sinne den Aufgaben des Herkules. Doch Herkules erliegt einer fatalen Liebe und stirbt als Opfer von Dejanira.

Odysseus genießt den Besitz von Kalypso und Circe, ohne sich von ihnen besitzen zu lassen; er liebt, was er lieben soll und will – seine Heimat und seine Frau – und diese eine Liebe macht ihn überall siegreich.

Die Liebe ist die größte Stärke des Menschen, wenn sie nicht seine größte Schwäche ist. Sie schwächt den egoistischen Menschen und stärkt den aufopferungsvollen.

Herkules, zu Füßen von Omphale, bezahlt teuer für die wollüstigen Freuden, zu deren Sklave er sich macht.

Samson bezahlt für Dalilahs perfide Küsse mit seinen Augen, seiner Ehre, seiner Freiheit. Orpheus darf Eurydike nicht ansehen, wenn er sie der Umarmung der Hölle entreißen will; aber er gibt seinem Verlangen nach, die Schönheit, nach der er sich sehnt, früher zu erblicken … er dreht sich um, und alles ist verloren – er wird sie nie wieder sehen!

Sicher ist, dass die wahre Liebe nicht an der körperlichen Schönheit hängt, die vergänglich ist; für sie ist die Schönheit ewig und kann ihr nicht entkommen, da sie selbst, in ihrer Kraft, sie erschafft. Der weise Mann liebt eine Frau nicht, weil sie schön ist: er findet sie schön, weil er sie liebt und weil er gute Gründe hat, sie zu lieben.

Animalische Liebe ist ein schlechtes Omen. Menschliche Liebe ist eine Vorsehung.

Odysseus, in den Armen von Calypso und Circe, war Penelope nicht untreu, denn sein einziger Gedanke war, wie er ihnen entkommen konnte, um zu seiner Frau zurückzukehren. Er sündigte nur gegen die Köstlichkeiten der Liebe, und dafür musste er von Circes Sohn bestraft werden.

Die Saat der unehelichen Kinder ist die Saat der Vatermörder.

Wenn es keinen Glauben oder zumindest die Illusion und den Wunsch nach Ewigkeit gibt, ist die sexuelle Liebe eine animalische Gier oder eine Fantasie der Ausschweifung. Unzucht ist eine Entwürdigung der Liebe; die Natur straft sie, und die verletzte Liebe rächt sich dafür.

Don Juan muss früher oder später auf die Statue des Kommandanten treffen. Aber können wir dieser fatalen Liebe immer entkommen? Können wir unser Herz unwiderruflich verpflichten, nur das zu lieben, was frei und legitim ist?

Wir können dies durch Wissen und Willen erreichen; wenn wir wissen, was wir wollen sollten, lieben wir notwendigerweise, was wir lieben sollten.

Paradoxon IV

Wissen ist die Unkenntnis oder Verneinung des Bösen

„Vater, vergib ihnen, denn sie wissen nicht, was sie tun“, sagte Christus, als er für seine Henker Fürsprache hielt.

Indem er das sagte, plädierte er für die Sache der gesamten Menschheit. Alle Menschen irren, „weil sie nicht wissen“, und keiner weiß, was er tut, wenn er Böses begeht. Wie könnte ein vernünftiges Wesen, das mit Einsicht begabt ist, wissentlich Böses tun?

Nimmt jemand bereitwillig Gift anstatt Parfüm, Galle anstatt Honig, Schierling anstatt Petersilie oder Arsen anstatt Salz?

Unwissenheit ist die Hauptursache für alle Fehler, alle Verbrechen, alle Übel, die die Menschheit plagen.

Es war die Unwissenheit, die die kapriziösen und zornigen Götter erfand; es war die Unwissenheit, die Gott großzügig die schlimmsten Leidenschaften des Menschen zuschrieb; es war die Unwissenheit, die das intelligente Prinzip der Dinge zu einer bestimmten, eindeutigen und unendlichen Persönlichkeit machte und damit die widersprüchlichsten Vorstellungen gegenüberstellten, denn in dem Moment, in dem eine Persönlichkeit „eindeutig und bestimmt“ wird, ist es nicht mehr möglich, sie als „unendlich“ zu begreifen.

Es ist die Unwissenheit, die die Menschen dazu gebracht hat, sich gegenseitig zu nötigen, sich manchmal einem Glauben ohne Vernunft zu unterwerfen und sich manchmal auf die Vernunft ohne Glauben zu verlassen, wobei sie sich in der Zwischenzeit gegenseitig verfolgten und sich gegenseitig an die äußersten Grenzen des Wahnsinns brachten.

Aus Unkenntnis der Naturgesetze haben die Menschen der Legende vom Anhalten der Sonne in ihrem Lauf Glauben geschenkt, den sprechenden Eseln, den in sprudelnde Quellen verwandelten Eselskiefern, einer ganzen Welt von Absurditäten und Schimären dieser Art.

Es ist die Unwissenheit, die Trimalchio am Tisch platzen lässt und den heiligen Antonius in seiner Wüste in den Wahnsinn treibt; denn der Mensch neigt immer dazu, sich in Laster zu stürzen oder zu Höhen der Tugend aufzusteigen, die in keinem Verhältnis zu seinem Wesen stehen.

Aus Unwissenheit gab sich Tiberius auf Capri sinnlichen Vergnügungen hin, die schmerzhafter waren als die Folter, und er fühlte sich täglich tausendmal dem Tod nahe aus Ekel vor seiner kaiserlichen Macht und in der Qual seiner Vergnügungen.

Die Unwissenden haben Sokrates vergiftet, Jesus Christus gekreuzigt, die Märtyrer gefoltert, die Ketzer verbrannt, die Priester massakriert, abwechselnd die monströsesten Götzenbilder gestürzt und wieder aufgerichtet, den einen Tyrannei, den anderen Freisinn gepredigt; den einen alle Autorität, den anderen alle Freiheit verweigert. Kurzum, alle haben Vernunft, Wahrheit und Gerechtigkeit ignoriert.

Aus reiner Unwissenheit ist der Mensch stolz, weil er sich einbildet, Lob zu ernten, während er sich zum Narren macht und sich selbst verachtet; aus Unwissenheit ist er auch geizig, weil er sich so zum Sklaven dessen macht, was ihm zu dienen bestimmt ist.

Aus Unwissenheit gibt sich der Mensch der Ausschweifung hin, da er das, was zum Leben und zur Fortpflanzung der Art gehört, tödlich missbraucht.

Die Menschen hassen sich, wenn sie sich lieben sollten; sie grenzen sich ab, statt einander zu helfen, trennen sich, statt sich zu verbinden, verderben sich, statt sich zu verbessern, zerstören, statt sich zu behüten, und schwächen sich in ihrer Selbstsucht, statt sich durch universelle Nächstenliebe zu stärken; all dies ist auf reine Unwissenheit zurückzuführen.

Der Mensch sucht instinktiv nach dem, was er für das Gute hält, und wenn er sich fast immer töricht und grausam irrt, dann deshalb, weil er unwissend ist.

Die Despoten der Alten Welt wussten nicht, dass der Missbrauch von Macht notwendigerweise den Sturz derselben bedeutet, und dass sie, indem sie die Erde umgruben, um ihre Opfer zu verstecken, ihre eigenen Gräber schaufelten.

Die Revolutionäre aller Zeiten wussten nicht, dass Anarchie der Konflikt aller Begierden und die tödliche Herrschaft der Gewalt ist; sie ersetzt das Gesetz durch Gewalt und ebnet dem dreistesten Verbrecher den Weg zur Diktatur.

Die Inquisitoren wussten nicht, dass sie im Namen der Kirche Jesus Christus verbrannten, dass sie im Namen des Heiligen Offiziums das Evangelium verbrannten und dass die Asche ihrer Selbstverbrennung ihre Stirn mit der Zahl des Kain kennzeichnete.

Voltaire wusste nicht, als er für Gott und die Freiheit sprach, dass die Freiheit in den engen Köpfen der Vulgären Gott entthronen würde. Er wusste nicht, dass in den obskuren Fundamenten der Symbole ein erhabenes Licht verborgen ist, dass die Bibel ein Turm zu Babel ist, auf dessen Spitze die Heilige Lade ruht; und er dachte keinen Augenblick daran, dass seine Schriften Material für die gottlosen Kräfte von Chaumette und die Paradoxien von Proudhon lieferten.

Rousseau wusste nicht, dass er unter den unehelichen Söhnen seines stolzen, ruhelosen Genies eines Tages die Robespierres und die Marats finden würde. Pascal kannte wenig Mathematik, da er an die Jansenisten glaubte ... wenn Exaktheit der Proportionen und Gleichgewicht überall in der Natur des Universums sind, wie konnte dieser rücksichtslose Geometer Ungerechtigkeit in Gott vermuten?

Wären die Mönche des Mittelalters besser in Physiologie und Medizin bewandert gewesen, hätten sie gewusst, dass Einsamkeit zu Wahnsinn, Nachtwachen zu Entzündungen des Blutes, Fasten zu zerebraler Anämie führt und dass der Pflichtzölibat Anfälle abnormer Raserei verursacht. Hätten Bossuet und Newton die Kabbala gekannt, hätten sie es nicht unternommen, die Apokalypse zu erklären, ohne sie zu verstehen.

Hätte Napoleon III. die Mathematik gekannt, hätte er Preußen nicht angegriffen.

Niemand irrt sich wissentlich; wer die Wahrheit ablehnt, weiß nicht, dass es die Wahrheit ist, die er ablehnt.

Jeder gibt dem nach, was ihn am stärksten anzieht; diese Vorherrschaft der Anziehung hängt vom Wissen ab.

Zu leben heißt zu leiden; zu wissen, wie man lebt, heißt glücklich zu sein.

Zu lieben heißt zu gehorchen; zu wissen, wie man liebt, heißt zu regieren.

Sprechen bedeutet, Lärm zu machen; wissen, wie man spricht, bedeutet eine Melodie zu erschaffen.

Suchen bedeutet, sich zu quälen; wer zu suchen weiß, findet.

Benutzen heißt oft missbrauchen; wissen, wie man benutzt, heißt genießen.

Magie zu praktizieren heißt, ein Scharlatan zu sein; Magie zu kennen heißt, weise zu sein.

Wer glaubt, ohne zu wissen, ist ein Narr. Zu wissen, ohne zu glauben, heißt ein Narr zu sein. Wahres Wissen schließt den Glauben ein. Der Mensch, der weiß, hat keinen Grund mehr zu zweifeln; wenn der Verstand nicht mehr zweifelt, hört der Wille auf zu zögern, und der Mensch erreicht, was er will.

Auf diese Frage: „Warum hat Gott uns erschaffen?“, antwortet der Katholizismus: „ihn zu lieben, ihn zu kennen, ihm zu dienen und so das ewige Leben zu erlangen.“

Sagen wir dasselbe in einfacheren Worten: Wir sind in der Welt, um zu lieben; wenn wir lieben, lieben wir Gott, weil Gott sich uns nur in der Natur und in der Menschlichkeit offenbart. Wir sind auf der Welt, um zu lernen, das heißt, um zu wissen. Alles zu lernen heißt, Gott mehr und mehr zu kennen.

Die wahre Theologie ist die universelle Wissenschaft.

Wir sind in der Welt, um der Menschheit zu dienen, was gleichbedeutend damit ist, Gott zu dienen, indem wir ihm freiwillig unsere Tätigkeit widmen. So schreiten wir voran in ewigem Fortschritt.

Niemand erlangt das ewige Leben durch seine eigenen Verdienste; dieses Leben wird uns auferlegt, und wenn wir es nicht zu genießen wissen, müssen wir es trotzdem annehmen. Wissen ist die erste Kraft des intelligenten Universums. Gott ist der Meister des unendlichen Wissens. Derjenige, der weiß, wird natürlich der Meister desjenigen, der nicht weiß. Es ist notwendig zu wissen, um zu sein.

Wer nicht weiß, wie man reich ist, ist nicht reich; wer nicht weiß, wie man gut ist, ist nicht gut. Wissen steht immer im Verhältnis zu dem Wesen, das es erworben hat, und in der Philosophie ist, wie Kant betont, das Sein identisch mit dem Wissen.

Nur Wissen verleiht ein Recht auf Eigentum. Diejenigen, die nicht wissen, wie sie ihren Reichtum richtig nutzen können, werden ausgeschlossen.

Missbrauch entsteht durch die mehr oder weniger freiwillige Unwissenheit, wie man das, was man hat, genießen kann. Wer zu erwerben und zu bewahren weiß, hat das Recht zu nutzen; aber niemand hat das Recht zu missbrauchen.

Das Eigentum ist heilig als Garantie für die Rechte des Einzelnen, denn es stellt das Recht auf Arbeit dar und begründet die Macht zu geben, zu leihen usw., die zur Würde des Menschen gehört; aber dieses Eigentum ist durch die soziale Pflicht begrenzt, jeder schuldet allen und alle jedem, gemäß den Vorschriften der Ordnung, der Gerechtigkeit und des Gesetzes.

Diese Dinge zu ignorieren heißt, sich geneigt zu zeigen, jenes Paradoxon von Proudhon als Wahrheit zu akzeptieren: „Eigentum ist Diebstahl!“ Unwissenheit ist die Mutter aller Revolutionen, denn sie ist die Ursache aller Ungerechtigkeit.

Wenn ein Mensch weiß, wird er Herr über alle, die nicht wissen. Das Lernen ist die Leiter des Verdienstes und der Macht. An erster Stelle der notwendigen Studien steht das Studium der eigenen Person, dann kommt das Studium der exakten Wissenschaften, dann der Natur, dann der Geschichte. Diese Vorstudien liefern Elemente der Philosophie, die dann durch die Wissenschaft der Religionen vervollkommnet werden müssen.

Ein Magier kann kein Unwissender sein. Magie bedeutet Größe, und mit Größe meinen wir Emanzipation durch Wissen.

Das lateinische Wort magister, das soviel wie Meister bedeutet, leitet sich, wie auch das Wort Magistrat, von den Wörtern *Magie* und *Magier* ab.

Magie bedeutet *mehr*, *bedeutender*, *größer*, mit einem Wort, Magie impliziert die Idee der Überlegenheit. Deshalb verwechselt die christliche Legende vom Dreikönigsfest die *Magi* (oder *Mages*) mit den Königen und lässt sie, geleitet vom geheimnisvollen Stern Salomos, zur Krippe des Erlösers der Menschen kommen.

Jesus wird in seiner Wiege als Prinz der Weisen begrüßt; sie bringen ihm Weihrauch aus Saba, Gold aus Ophir und Myrrhe aus Memphis dar, denn er ist gekommen, um das Feuer des Zarathustra wieder zu weihen, die symbolischen Schätze des Hiram zu erneuern, die verstreuten Glieder des Osiris wieder zu sammeln und mit den Bändern des Hermes zusammenzufügen.

Die Weisen kamen, geleitet vom Stern der Sabäer, um das Kind der christlichen Einweihung zu ehren; dann kehrten sie, um die grausamen Pläne des Herodes zu vereiteln, auf einem anderen Weg nach Hause zurück. Was für ein Weg ist das? Es ist der des Okkultismus.

Die Mächte dieser Welt ignorieren ihn, aber er ist den Eingeweihten der Johanniten, Adoniramiten, Illuminati und Rosenkreuzer bekannt. Wir müssen wissen, um mit Vernunft zu wollen, und wenn wir mit Vernunft wollen, ist es unser Recht und unsere Pflicht, zu wagen. Aber solange wir vor perversen und dummen Angriffen nicht sicher sind, müssen wir über das schweigen, was wir wagen.

Wir können, aber wir dürfen nicht immer zeigen, was wir wissen. Wir sollten frei sein, unsere Überzeugungen zu bekennen, aber Christus riet uns nicht dazu, als er sagte: „Werft eure Perlen nicht vor die Säue, damit sie sich nicht gegen euch wenden und euch in Stücke reißen."

Die okkulte Wissenschaft hat also einen Grund, geheim zu bleiben, und dieser Grund wird von einer sowohl göttlichen als auch menschlichen Autorität erklärt, ja, sanktioniert.

Hat Jesus selbst sein eigenes Gebot in die Tat umgesetzt? Wurden die Perlen seiner Lehre nicht von den obszönen Bestien zertrampelt, die den Meister verschlungen haben und ihn weiterhin verschlingen?

Dies wird unsere Frage nicht beantworten; aber unter Einsatz unseres Friedens, unseres Ansehens und, wenn es sein muss, auch unseres Lebens, haben wir uns immer bemüht und werden uns bis zum Ende bemühen, die Perlen des heiligen Evangeliums vor dem Trog der Schweine zu retten.

Die okkulten Wissenschaften sind ebenso wenig autorisierte Wissenschaften, wie die Religion der Eingeweihten die Religion der Gläubigen im Allgemeinen ist. Erstere bewegen sich ständig vorwärts, erahnen, was noch nicht definiert ist.

Sie trotzen dem Anathema nicht, sondern schreiten weiter voran, ohne sich dessen bewusst zu sein, denn kein Anathema kann sie erreichen. Es ist aber sicher, dass es Kräfte in der Natur und im Menschen gibt, die sich bisher der Kontrolle der gelehrtesten Autoritäten entzogen haben. Der Magnetismus ist immer noch ein Problem, das Akademiker nicht lösen wollen.

Die Kabbala ist den Rabbinern des zweiten Talmuds unbekannt; der bloße Name der Magie erzeugt ein Lächeln auf den Lippen unserer Professoren der Physik, und es ist wohl klar, dass ein Mensch, der sich heutzutage mit hermetischer Philosophie beschäftigen würde, einen außerordentlich gestörten Verstand haben müsste. Waren Trismegistos, Orpheus, Pythagoras, Apollonius, Porphyr, Paracelsus, Trithemus, Pompanatius, Vaneni, Giordano Bruno und so viele andere verrückt?

Graf Joseph de Maistre, dieser grimmige Ultramontane, dachte nicht so; er, der die Notwendigkeit einer neuen Manifestation erkannte, richtete seine Augen ungewollt auf die Heiligtümer des Okkultismus.

Alle Religionen und alle Wissenschaften sind mit einem einzigartigen Wissen verwandt, das immer vor den Augen der Allgemeinheit verborgen ist und das von Zeitalter zu Zeitalter, von Eingeweihten zu Eingeweihten, unter dem Schleier von Fabeln und Symbolen weitergegeben wird. Diese Wissenschaft bewahrt für eine kommende Welt die Geheimnisse einer bereits verschwundenen Welt.

Die Gymnosophisten kontemplierten sie an den Ufern des Ganges; Zoroaster und Hermes bewahrten sie im Osten; Moses übermittelte sie den Hebräern; Orpheus offenbarte seine Geheimnisse den Griechen; Pythagoras und Plato erahnten sie beinahe. Sie wurde die priesterliche oder königliche Wissenschaft genannt, weil sie ihre Eingeweihten in den Rang von Königen und Päpsten erhob. Sie wird in der Bibel als geheimnisvolle Figur dargestellt, die Melchisedek genannt wird, der König des Friedens, der ewige Priester, der keinen Vater, keine Mutter, keine Genealogie hatte und der für sich selbst als die Wahrheit steht.

Die christlichen Eingeweihten haben behauptet, dass der Christus möglicherweise eben dieser Melchisedek ist, und Jesus selbst scheint diese Allegorie übernommen zu haben, wenn er sagt, dass er vor Abraham existierte, der ihn freudig begrüßte, „um sein Licht zu sehen".

Diese Wissenschaft der Priester und Könige wurde deshalb das Heiligste Reich, das Himmlische Reich, das Reich Gottes genannt, das nicht alle betreten können und das nur der elitären Intelligenz zugänglich ist. Deshalb heißt es im Evangelium: „Es sind nur wenige auserwählt".

Diese Wissenschaft wird verborgen, weil sie verfolgt wird, Zarathustra wurde verbrannt, Osiris in Stücke gerissen, Orpheus von den Bacchantinnen zerrissen, Pythagoras ermordet, Sokrates, der Meister Platons, vergiftet, die großen Propheten auf verschiedene Weise zu Tode gebracht, Jesus gekreuzigt, seine Apostel zum Märtyrertod verurteilt; aber die Lehre stirbt nie, und obwohl sie eine Zeit lang verschwindet, taucht sie immer wieder auf.

Deshalb erzählen uns Legenden, die wahrhaftiger sind als die Geschichte, wenn wir wissen, wie sie zu interpretieren sind, dass Henoch und Elia weiterhin im Himmel leben und eines Tages auf die Erde herabsteigen werden. Das ist der Grund, warum Jesus von den Toten auferstanden ist und warum Johannes nicht sterben sollte.

Diese Formen der Sprache sind die Essenz des Okkultismus; sie zeigen die Wahrheit, während sie sie verschleiern. Was der Eingeweihte sagt, ist wahr, aber was der Profane versteht, ist eine für sie gemachte Falschheit. Die Wahrheit ist wie die Freiheit und die Tugend; sie ist nicht selbstverständlich; sie muss gesucht und gewonnen werden.

Es wird gesagt, dass beim Tod Christi der Schleier des Tempels zerrissen wurde; das bedeutet, dass die okkulte Wissenschaft dort nicht mehr war; sie war immer noch lebendig, aber am Fuße des Kreuzes des verstorbenen Meisters. Ein Apostel, der immer als jung dargestellt wird, wurde zum zweiten Sohn Marias und meditierte über ein Buch, von dem sein Evangelium nur ein Abglanz ist und das dazu bestimmt war, von der orthodoxen Kirche der Uneingeweihten nie verstanden zu werden.

Die Apokalypse des Johannes ist ein neuer Schleier, dichter als der des Moses, aber mit grandiosen und prächtigen Stickereien verziert. Dieser Schleier erstreckt sich vor dem Heiligtum der ewigen Wahrheit zur großen Verzweiflung der Usurpatoren des Priestertums und des Königtums.Die Apokalypse ist für diejenigen, die keine Eingeweihten sind, absolut unverständlich, weil sie ein Buch der Kabbala ist.

Wir haben in früheren Büchern erklärt, was die Kabbala ist, und wir haben für die intelligenten Leser den Schlüssel zu den Geheimnissen, die in diesem erhabenen Buch enthalten sind, ausführlich hinterlassen. Der Autor der Offenbarung hat nicht für normale Leser geschrieben, sondern für die Wissenden, und er wiederholt oft: „Hier ist die Erkenntnis; wer die Erkenntnis hat, der rechne und finde die Zahl."

Seine Philosophie ist die des Wortes, was bedeutet, dass es die der Vernunft ist, die spricht.

Jesus hatte, wie alle großen Hierophanten, eine öffentliche und eine geheime Doktrin. Seine öffentliche Doktrin unterschied sich vom Judentum nur in der Moral.

Er predigte universelle Philanthropie für alle und hielt das Gesetz des Moses hoch, während er den brutalen Einfluss einer heuchlerischen und selbstherrlichen Priesterschaft bekämpfte.

Was seine Geheimlehre betrifft, so offenbarte er sie nur seinem geliebten Apostel, der sie nach dem Tod des Meisters wieder aufleben lassen sollte. Diese Lehre war nicht neu.

Ein großer Jude, ein Eingeweihter, Hesekiel, hatte es vor dem Heiligen Johannes dargelegt:

Gott in der Menschheit und in der Natur, die universale Kirche der Gerechten, die fortschreitende Emanzipation des Mannes, die Annahme der Frau, die wie eine Jungfrau geliebt, wie eine Mutter angebetet werden soll; die Zerstörung des priesterlichen und königlichen Despotismus, die Herrschaft von Wahrheit und Gerechtigkeit, die Vereinigung von Wissenschaft und Glaube, die endgültige Vernichtung der drei abscheulichen Phantome – des Teufels, des Todes und der Hölle –, die der heilige Johannes niederwirft und für immer in einem See aus Feuer und Schwefel begräbt; die endgültige Gründung eines neuen Jerusalems auf Erden, einer Stadt, die keinen Tempel mehr braucht, da sie selbst ein Tempel ist, in dem weder Priester noch Könige zu sehen sind, eine ideale und doch erreichbare Stadt, in der Freiheit, Gleichheit und Brüderlichkeit herrschen könnten; eine Stadt der Auserwählten, der Weisen, der Gerechten; eine Stadt, die der gemeinen Masse verschlossen ist; eine archetypische Stadt der menschlichen Zivilisation, ein Land, das allen versprochen ist, aber nur den wenigen Auserwählten zugänglich ist, nicht durch Privilegien, sondern durch Verdienst, nicht durch die Willkür eines autokratischen Götzen, sondern durch die Gerechtigkeit Gottes.

Dies ist das Ideal des Wissens.

Paradoxon V

Die Vernunft ist Gott

Dies sollte auf diesen Seiten an erster Stelle stehen, denn es existiert vor allen Dingen: es existiert per se; selbst für diejenigen, die es nicht verstehen, existiert es wie die Sonne für die Blinden.

Aber um es zu sehen, es zu fühlen, es zu verstehen, muss der Mensch die Fähigkeit des Verstehens besitzen, und das ist sein Triumph, das Endergebnis all der Arbeit seines Denkens und all der Bestrebungen seines Glaubens.

„Im Anfang ist die Vernunft, und die Vernunft ist in Gott, und Gott ist die Vernunft.

„Alles wird durch sie gemacht, und ohne sie wurde nichts gemacht. Es ist das wahre Licht, das uns vom Moment unserer Geburt an erleuchtet; es leuchtet sogar in der Finsternis, aber die Finsternis erfasst es nicht."

Diese Worte sind das perfekte Orakel der Vernunft; es sind, wie jeder weiß, diejenigen, die am Anfang des Johannesevangeliums zu lesen sind.

Ohne diese Vernunft existiert nichts. Alles, auch die Unvernunft, hat seine Daseinsberechtigung: Die Unvernunft dient als Hintergrund für die Vernunft, wie der Schatten für das Licht.

Der vernünftige Gläubige ist derjenige, der an eine dem Wissen überlegene Vernunft glaubt; denn die Vernunft – oder genauer gesagt, die Vernunft eines jeden von uns – ist keine absolute Weisheit.

Wenn ich schlecht urteile, bin ich unvernünftig. Es ist also nicht der Vernunft, der ich misstrauen muss, sondern meinem eigenen Urteil.

In diesem Fall sollte ich mich bereitwillig an diejenigen wenden, die mehr wissen als ich, aber ich muss einen Grund haben, an ihre Überlegenheit zu glauben.

Willkürliche Vermutungen über etwas anzustellen, was wir nicht wissen, und dann blindlings an die eigenen Vermutungen oder an die von anderen zu glauben, die nicht mehr wissen als wir, heißt, sich wie ein Narr zu verhalten. Wenn uns gesagt wird, dass Gott das Opfer unserer Vernunft verlangt, bedeutet das, dass Gott zum Despoten und Götzen der Torheit wird.

Vernunft bringt Überzeugung, aber leichtsinniger Glaube erzeugt nur Selbstgefälligkeit.

Es ist durchaus vernünftig, an Dinge zu glauben, die wir nicht sehen, berühren oder messen können, denn es ist offensichtlich, dass das Unendliche existiert und dass wir nicht nur sagen können: Ich glaube, sondern ich weiß, dass eine unendliche Anzahl von Dingen existiert, während sie außerhalb der Reichweite unserer Sinne liegen. Da Wissen immer zunimmt, habe ich Grund zu der Annahme, dass der Tag kommen wird, an dem ich wissen werde, was ich im Moment nicht weiß.

Ich habe keine Zweifel an dem, was ich genau weiß; ich könnte an meinem Wissen zweifeln, wenn ich nur unvollständiges Wissen hätte; aber ich kann keine Zweifel an etwas haben, von dem ich nichts weiß, da es mir unmöglich wäre, diese Zweifel zu formulieren.

Wer sagt: Es gibt keinen Gott, ohne Gott absolut und vollständig definiert zu haben, der redet einfach Unsinn.

Ich warte auf seine Definition, und wenn er sie mir auf seine Weise gegeben hat, bin ich mir im Voraus sicher, dass ich zu ihm sagen kann: „Ich stimme dir zu, so einen Gott gibt es nicht; aber dieser Gott ist sicher nicht meiner."

Wenn er zu mir sagen würde: „Definieren Sie Ihren Gott", würde ich antworten: „Ich werde mich hüten, etwas dergleichen zu tun, denn ein definierter Gott ist ein endlicher Gott."

Jede positive Definition ist bestreitbar. Das Unendliche ist das Undefinierte. Ein anderer mag mir sagen: „Ich glaube nur an die Materie", aber was ist Materie?

In der Chirurgie wird dieser Name für Exkremente und Ausscheidungen verwendet; in der Philosophie könnte man etwas paradox sagen, dass die Materie die Ausscheidung des Denkens ist.

Die Materialisten verdienen es voll und ganz, mit dieser ziemlich groben und karnevalesken Definition belohnt zu werden, denn sie erklären, dass der Gedanke die Ausscheidung des materiellen Gehirns ist, ohne zu erkennen, dass dieses bewundernswerte und passive Instrument der Werke der menschlichen Seele das Meisterstück eines Gedankens ist, der nicht unser eigener ist.

Wenn ich Gott auf eine positive und sichere Weise definieren könnte, würde ich sofort aufhören, an Gott zu glauben. Ich würde wissen, was er ist; aber da ich das nicht wissen kann, glaube ich einfach, dass er existiert, weil es für mich unmöglich ist, mir nicht einen lenkenden Gedanken in der ewig lebendigen Substanz vorzustellen, die den unendlichen Raum bevölkert.

Wenn diejenigen, die an exklusive Religionen glauben, mir sagen, dass Gott sich offenbart hat und dass er gesprochen hat, antworte ich, dass ich das nicht glaube, ich weiß es. Ich weiß, dass Gott sich dem Herzen des Menschen in den Schönheiten der Natur offenbart; ich weiß, dass er durch den Mund aller Weisen und tief im Herzen aller Gerechten gesprochen hat.

Ich lese seine Worte in den Hymnen von Kleanthes und Orpheus, wie auch in den Psalmen von David. Ich bewundere die grandiosen Seiten der Veden und des Korans, und ich finde die Legende von Krishna so berührend wie ein Evangelium. Aber es macht mich wütend, dass Jupiter Prometheus foltert und als Vorwand für den Tod von Sokrates dient.

Ich schaudere, wenn ich höre, wie Christus, in den letzten Schluchzern seines Todeskampfes, Jehova vorwirft, ihn verlassen zu haben, und ich verhülle mein Gesicht, wenn Alexander VI. behauptet, Jesus Christus zu repräsentieren.

Die Scharfrichter und Folterknechte des menschlichen Gewissens sind mir unter der Herrschaft von Pius VI. ebenso verhasst wie unter der von Nero. Die wahre christliche Religion ist übermenschliche Menschlichkeit in der Kraft der Vergebung und in der Selbstaufopferung für andere.

Die Götter, denen die Menschen geopfert werden, sind nichts als Dämonen, und die Vernunft sollte die Verehrung dieser Dämonen und dieses Teufelsidol, das durch seine Ungeheuerlichkeit lächerlich geworden ist, für immer verwerfen.

Diejenigen, die an den Teufel glauben, huldigen ihm, indem sie seinen Schöpfer und Komplizen verehren. Wie wir gesagt haben, ist der Gott des Teufels, der den Teufel tadelt und ihn dennoch für unser Verderben arbeiten lässt, eine abscheuliche Erfindung menschlicher Schlechtigkeit und Feigheit. Ein Gott des Teufels würde im Umkehrschluss zu einem Teufel von Gott werden.

So spricht die Vernunft; aber der Aberglaube beharrt darauf, sie zum Schweigen zu bringen, und deshalb überlassen viele Menschen, übrigens ganz entschuldbar, ihren Aberglauben, ihren Gott und ihren Teufel den anderen und begnügen sich fortan damit, an nichts mehr zu glauben.

Der Aberglaube hat dennoch seine Daseinsberechtigung in den Unendlichkeiten des menschlichen Intellekts. Die Priesterschaft hat es geschafft, ihn in eine Kraft zu verwandeln, indem sie ihn einem blinden Gehorsam unterworfen hat.

Entferne allen Aberglauben aus den engen und glühenden Seelen, und du bringst stattdessen Fanatismus und Pietätlosigkeit hinein.

Wir sind verpflichtet, die Verrückten mithilfe ihres eigenen Wahnsinns zu kontrollieren, da sie nicht weise sein wollen.

Wir bringen unseren Kindern Moral bei, indem wir ihnen Geschichten erzählen, und Kindermädchen sind sehr vorsichtig, sie nicht eines Besseren zu belehren, wenn sie Angst vor dem „Buhmann“ haben.

Einige realistischere Mütter erschrecken ihre Babys zwar mit dem Wolf oder dem Wachtmeister; da aber weder Wolf noch Wachtmeister überall sein können, wird das Kleine, das schließlich von ihrer Abwesenheit überzeugt ist, nur über die Drohung lachen, während der „schwarze Mann“, der nirgendwo gesehen wird, nicht infrage gestellt wird und wie der Teufel überall anwesend sein könnte.

Das Kind ist deshalb um so mehr geneigt, das zu glauben, weil es eine Fiktion ist, eine poetische Erfindung, ein Märchen, kurz gesagt, etwas, das die Fantasie übernimmt, d. h., die Fantasie, die schon beim Menschen so mächtig ist, wird beim Kinde übermächtig.

„Der schwarze Mann“ ist der Teufel der Kleinen, so wie der Teufel des Mittelalters der „schwarze Mann“ der Menschen war.

Dennoch gibt es keine Fiktion, die nicht als Schleier oder Maske für irgendeine Realität dient. Es gibt so etwas wie einen „schwarze Mann“, und das arme Kind lernt ihn bald als einen hochmütigen, grobschlächtigen Pedanten mit rauer Stimme und einer Rute kennen, die er mehr oder weniger gut einsetzt.

Später wird man ihm von Gott und dem Teufel erzählen, und zwar so, dass es ihm leicht fallen wird, das eine mit dem anderen zu verwechseln.

Wird er mit dem Epilog des Pulcinella-Dramas weiterhin glücklich sein? Die Figur der Pulcinella oder des Kasperls hat ihn zum Lachen gebracht; der Teufel will ihn zum Weinen bringen; wird er sich nicht wünschen, dass der Kasperl, der so oft vom Teufel fortgetragen wurde, seinerseits den Teufel forttragen könnte?

Dies wäre eine Frage des Temperaments und des Wagemuts.

Die alten Hierophanten haben immer behauptet, dass es das größte Verbrechen wäre, die Menge zu den Einweihungen zuzulassen, weil es bedeuten würde, die Wölfe zu entfesseln, ihnen die Schafställe zu öffnen, die Käfige der wilden Tiere zu öffnen und die Menschen unter dem Vorwand der Gleichheit in einem Bruderkrieg gegeneinander zu treiben.

Jesus Christus befahl seinen Jüngern, keine Perlen vor die Säue zu werfen. Bis heute schwören die Freimaurer, dass sie bis zum Tod Geheimnisse bewahren, die sie nicht mehr besitzen. Gleichheit zwischen den Menschen kann nur durch hierarchische Ränge bestehen; sie kann niemals absolut sein, weil die Natur es nicht erlaubt.

Es muss Große und Kleine geben, damit sich die Menschen gegenseitig helfen können und einander brauchen. Nichts ist für den einfachen Menschen schwieriger, als nach den Gesetzen der Vernunft zu leben und das Gute um des Guten willen zu tun. Ihr Motiv ist fast immer entweder Begierde oder Angst, und sie werden von Hoffnung oder Angst geleitet. Dennoch müssen sie gezügelt werden, damit sie nicht in Trägheit oder Chaos verfallen.

Sie marschieren besser, wenn sie in einem Trupp und beladen sind; dem Mönch und dem Soldaten gefallen die eiserne Disziplin; in der Strenge und Stille verschwindet die Wankelmütigkeit der Frau.

Ein solcher Mann wird mutig das Leben eines Trappisten ertragen, der, wenn er nicht den Himmel anstreben und die Hölle fürchten würde, ein Dieb wäre. Ist er deshalb besser?

Vielleicht nicht; aber sicherlich ist er weniger gefährlich für die Gesellschaft. Es ist schön und gut, den Leuten die Wahrheit zu sagen, aber leider werden sie sie erst dann verstehen, wenn sie selbst danach gesucht und sie fast gefunden haben.

Die Welt zur Zeit des Tiberius brauchte Sühne und Entbehrung. Das Jahrhundert der Platoniker, der Stoiker, von Seneca und Epiktet musste sich die christliche Moral zu eigen machen.

Virgil scheint an der Krippe des Gottmenschen zu singen, und die sibyllinischen Bücher verheißen Christus auf der Erde!

Luther erhob sich nicht aus eigenem Antrieb gegen Rom; er wurde von einer Strömung, die ganz Europa betraf, emporgehoben und vorwärtsgetrieben.

Nicht Voltaire hat das 18. Jahrhundert gemacht, sondern das 18. Jahrhundert hat Voltaire gemacht. Die Herrschaft der Madame de Maintenon und die Skandale des Jansenismus hatten Frankreich in höchstem Maße angewidert und ermüdet; Bossuets Leichenreden scheinen über dem Sarg der christlichen Monarchie gesprochen worden zu sein, und dann folgten solche Kardinäle wie Bernel und Dubois!

Voltaire spottete über alles und brachte die Menschen zum Lachen. Rousseau jedoch bekannte sich dazu, dass da etwas war; man bewunderte ihn, während man ihn verfolgte, weil man im Herzen spürte, dass die Welt seine Denkweise bis zu einem gewissen Grad teilte.

Die Revolutionäre überholten Rousseau, und der gesunde Menschenverstand des Landes schlug sich auf die Seite von Chateaubriand, während er dem voltairschen Spott von Beranger applaudierte. Es ist der Fortschritt, der große Männer an die Spitze bringt, und es ist falsch, wenn die Welt ihnen die Bewegung zuschreibt, die sie an die Spitze gebracht hat.

Die Französische Revolution bot der Welt ein ebenso seltsames wie lächerliches Spektakel, als sie die Verehrung der Vernunft einführte, die von einer Ballerina verkörpert wurde.

Man hätte meinen können, die Nation wolle sich lächerlich machen und anderen Völkern predigen, dass die Vernunft der Franzosen nichts anderes als Wahnsinn ist.

Dann kam Robespierre, der, um diese unangemessene Vernunft zu entthronen, sein „Höchstes Wesen“ erfand. Aber die öffentliche Meinung weigerte sich, die Substitution zu ratifizieren; sie erinnerte sich an Gott und erkannte, dass die Revolution einen Wandel vollzog.

Bonaparte, der folgte, verstand, dass die Religion nicht tot war, aber aus seiner Sicht konnte die Religion nur katholisch oder, mit anderen Worten, autoritär sein; er öffnete die Kirchen wieder, versuchte, den Papst in die Finger zu bekommen, aber der Papst glitt ihm durch die Finger ... wie die Welt.

Es ist so, dass die Vernunft der Religion der Vernunft der Politik überlegen ist, weil nur in der Religion das Recht die Führung über die Macht übernimmt. Damit ein Recht unantastbar ist, muss es als göttlich anerkannt werden.

Recht und Pflicht stehen über dem Menschen, Gott erhält das eine, indem er ihm das andere auferlegt; Gott ist die Höchste Vernunft.

Ein Körper kann nicht ohne einen Kopf leben, und der Kopf des sozialen Körpers ist Gott. Der Körper kann sich verändern, sich verwandeln, aber er kann nicht sterben, wenn sein Kopf unsterblich ist. Gott ist Wahrheit und Gerechtigkeit, die sich nie ändert, und deshalb sollte der Staat in religiösen Angelegenheiten nachgeben.

Die Kirche ist der Prototyp des universalen Vaterlandes, und die Einheit der christlichen Welt ist etwas Größeres als die Einheit Deutschlands oder Italiens. Moralische Stärke ist der physischen Stärke überlegen, und geistige Macht hat Vorrang vor weltlicher Macht. Hätte Petrus nie sein Schwert gezogen, hätte Jesus nie zu ihm gesagt: “Wenn du alt bist, wirst du deine Hände ausstrecken, und andere werden kommen, sie zu binden und dich dorthin zu führen, wohin du nicht gehen willst.”

Der König von Italien hat dem Heiligen Vater Rom entrissen, weil Petrus dem Malchus mit der Kraft seines Schwertes ein Ohr abgeschnitten hat.

Malchus oder Male bedeutet König auf Hebräisch.

Auf jeden Fall sollte die Hauptstadt der christlichen Welt nicht ausschließlich zu Italien gehören. Der oberste Vertreter der göttlichen Menschheit sollte ein Priester sein, der segnet, und ein König, der vergibt.

Das sagt uns wenigstens die Vernunft, und wenn der Papst glaubt, dass ein Vater seinen Kindern gegenüber unfehlbar sein muss, dass das Oberhaupt der Religion mit Irreligiosität nichts zu tun haben darf, dass Gewissensfreiheit nicht geduldet werden darf; wenn er sich verpflichtet glaubt, die Gesellschaft auf den Kopf zu stellen; wenn er, kurz gesagt, gegen alles und jedes protestiert, was ihm gegen das Dogma zu sein scheint, welches Recht hätten wir, das in Frage zu stellen, der Papst hat tausendmal recht!

Unmittelbar nach den Leidenschaften sind die Vorurteile die größten Feinde der menschlichen Vernunft. Wir schauen nicht darauf, wie die Dinge sind; wir wollen nur, dass sie so oder so sind. Wir weigern uns, unsere Meinung zu ändern, weil es unseren Stolz demütigt, als ob der Mensch unfehlbar geboren wäre und nicht Tag für Tag lernen und sich vervollkommnen sollte. Als ich ein Kind war", sagt der heilige Paulus, „dachte, sprach und handelte ich wie ein Kind. Aber als ich zum Mann wurde, legte ich all die Dinge der Kindheit beiseite…„

Hier verkündet der Apostel das Gesetz des Fortschritts und wendet es sogar auf die Kirche an; doch genau das weigern sich die Theologen hartnäckig zu verstehen.

Wir müssen uns vor frommen Vorurteilen genauso hüten wie vor gottlosen Vorurteilen. Wahre Frömmigkeit ist im Wesentlichen unabhängig, aber sie unterwirft sich vernünftigerweise den Gesetzen, Regeln, Sitten, wenn sie nicht hoffen kann, und oft auch nicht hofft, sie zu ändern.

Jesus wollte nicht, dass das Unkraut im Weizen entwurzelt wird, damit nicht gleichzeitig die gute Saat entwurzelt wird. „Wartet auf die Zeit der Ernte“, sagte er, „und dann wird der Wind den Weizen von den schlechten Samen trennen.“

Es gibt Zeiten für Zusammenfassungen und Synthesen; dann findet Kritik statt und muss zwischen dem Wahren und dem Falschen unterscheiden. Wir befinden uns in einer Zeit, in der mit Vorurteilen nicht mehr sanft umgegangen werden sollte.

Wir dürfen jedoch nicht zu hart zu denen sein, die sie vertreten; zeigen wir ihnen sanft und geduldig die Wahrheit, und die Irrtümer werden von selbst fallen. Vorurteile sind schlechte Angewohnheiten des Geistes; sie entstehen durch Erziehung, Unwissenheit oder intellektuelle Faulheit, durch die Interessen der eigenen Position, des eigenen Rufes oder des eigenen Vermögensstandes.

Wir glauben spontan an die Wahrheit dessen, was uns gefällt, und noch mehr an das, was uns schmeichelt; die besten Gefühle, ins Unermessliche getrieben, werden zu Quellen von Vorurteilen: die Liebe zur Familie erzeugt Stolz und Intoleranz gegenüber der Kaste; die Liebe zum eigenen Land wird zu nationaler Arroganz; wir kommen zu der Ansicht, dass es besser ist, Franzose oder Engländer zu sein, als einfach nur Mensch zu sein.

Aufeinanderfolgende Jahrhunderte verachten und verurteilen sich gegenseitig; Christen sind „Hunde“ für Mohammeds „Gläubige“; Juden sind obszön für Christen; Protestanten sind Ketzer, Katholiken sind Papisten ... wo sind die vernünftigen Menschen?

Die Vernunft ist wie die Wahrheit: Sie schockiert, wenn sie sich nackt zeigt. Zu sehr im Recht zu sein, bedeutet bereits falsch zu liegen. Die Vernunft muss überzeugen und darf sich nicht aufdrängen. Sie hat wenig Autorität über die Kinder und missfällt den Frauen fast immer.

Es ist eine Macht, aber eine okkulte Macht; sie sollte regieren, ohne die Hand zu zeigen, die die Zügel hält. Um sich ohne Gefahr dem Studium der okkulten Wissenschaften und vor allem den Experimenten, die ihre Theorien bestätigen, zu widmen, braucht man einen sehr starken und festen Geist. Magnetismus, Wahrsagerei und Spiritismus bevölkerten und bevölkern die Irrenhäuser. Die hermetische Philosophie kann noch weitere Opfer hinzufügen.

Die berühmtesten Praktiker dieser Wissenschaften haben ihre Momente der Verirrung gehabt.

Pythagoras erinnerte sich daran, dass er Euphorbia gewesen war; Apollonius von Thyana ließ einen alten Bettler zu Tode steinigen, um das Wüten der Pest zu stoppen; Paracelsus glaubte, dass er einen vertrauten Geist im Griff seines langen Schwertes versteckt hatte; Cardan hungerte sich zu Tode, um der Astrologie recht zu geben; Duchenteau, der den magischen Kalender von Tycho-Brahe überarbeitete und vervollständigte, starb ebenfalls kläglich beim Versuch eines extravaganten Experiments; Cagliostro kompromittierte sich in der Affäre um das „Halsband der Königin“ mit einer Bande von Gaunern und ging in den Kerkern von Rom in den Tod.

Man kann nicht ungestraft in die Arche schauen; wer das wagt, riskiert, wie Mazda vom Blitz getroffen zu werden. Ich spreche nicht von der Angst, dem Neid, dem Hass der Vulgären, die überall und immer den Eingeweihten verfolgen, der seine Wissenschaft nicht zu verbergen weiß. Die wahren Weisen entgehen dieser Gefahr.

Der Abt Trithemius lebte und starb friedlich, während Agrippa, sein unvorsichtiger Schüler, ein Leben voller Sorgen und Qualen in einem Krankenhaus vorzeitig beendete.

Agrippa verfluchte auf seinem Sterbebett die Wissenschaft, wie Brutus in Philippi die Tugend verflucht hatte; aber trotz Brutus Verzweiflung ist die Tugend mehr als ein eitles Wort, und trotz Agrippas Verzagtheit ist die Wissenschaft eine Wahrheit.

In der heutigen Zeit werden die okkulten Wissenschaften kaum noch studiert, außer von anmaßenden Ignoranten oder exzentrischen Gelehrten; Frauen bieten ihnen natürlich den nötigen Nährboden in Form von hysterischen Anfällen und verdächtigem Somnambulismus.

Die Menschen wollen vor allem Wunder; die Würfel der Fortuna beeinflussen, die Karten des Schicksals mischen, Elixiere und Amulette besitzen, um ihre Feinde zu verhexen, eifersüchtige Ehemänner in den Schlaf zu wiegen; das universelle Allheilmittel aller Laster entdecken, nicht um sich zu reformieren, sondern um sich vor den beiden großen Übeln zu bewahren, denen sie erliegen, Täuschung und Trägheit – so viele Mittel, um mit Geschwindigkeit auf der hohen Straße des geistigen Wahnsinns zu reisen.

Wäre Homers aufbrausender Achilles völlig unverwundbar gewesen, wäre er ein feiger Mörder gewesen; ebenso müsste der Mann, der sich sicher wäre, beim Glücksspiel immer zu gewinnen und damit den allgemeinen Ruin herbeizuführen, als Schwindler gebrandmarkt werden. Wer durch einen einzigen Akt seines Willens Krankheit oder Tod über andere bringen könnte, wäre eine öffentliche Plage, von der die Gesellschaft das Recht hätte, sich zu befreien; Liebe anders als auf natürlichem Wege zu erlangen, ist eine Art Vergewaltigung; Schatten heraufzubeschwören, heißt, ewige Finsternis auf sich herabzurufen.

Um mit Dämonen umzugehen, muss man selbst ein Dämon sein. Der Teufel ist der Geist des Bösen, die verhängnisvolle Strömung des fehlgeleiteten und bösen Willens; in diese Strömung einzutreten bedeutet, in den Abgrund zu stürzen, und zwar umso sicherer, als der Geist des Bösen nur auf rücksichtslose und ungesunde Neugierde reagiert.

Visionen sind natürliche Phänomene, die mit dem Zustand des Rausches oder Deliriums einhergehen. Geister zu sehen; was für ein Hirngespinst! Es ist, als ob man vorgäbe, die Musik zu berühren und den Gedanken in Flaschen zu füllen.

Wenn die Geister der Verstorbenen von uns weggegangen sind, dann deshalb, weil sie nicht mehr unter uns leben konnten; wie können wir dann davon ausgehen, dass sie zurückkehren müssen?

Aber dann könnte man sagen: Wozu soll die Magie gut sein? Sie macht den Menschen fähig, die Wahrheit besser zu verstehen und das Gute auf eine gesündere und effektivere Weise zu begehren.

Sie hilft, die Seelen zu heilen und die Körper zu stärken; sie gibt nicht die Mittel, ungestraft Böses zu tun, aber sie erhebt den Menschen über tierische Leidenschaft und macht ihn unverwundbar gegen die Pein der Begierde und der Angst.

All dies bildet ein göttlich strahlendes Zentrum, vor dem sich die Geister und die Dunkelheit zurückziehen; denn die Magie weiß, will und behält ihren Frieden. Dies ist wahre Magie, nicht die Magie der Nekromanten und Zauberer, sondern die Magie der Eingeweihten und der Magier.

Wahre Magie ist eine wissenschaftliche Kraft, die in den Dienst der Vernunft gestellt wird. Falsche Magie ist eine blinde Kraft, die zu den Irrungen und Wirrungen des Wahnsinns hinzukommt.

Paradoxon VI

Die Vorstellungskraft verwirklicht, was sie erfindet

Seht sie euch an! Sie ist die größte Magierin des Universums!

Sie ist es, die die Erinnerung fruchtbar macht; sie ist es, die das Mögliche voraussieht und verwirklicht; sie ist es, die selbst das Unmögliche erfindet.

Wunder kosten sie nichts; sie transportiert Häuser und Berge durch den Raum, setzt Wale in den Himmel, Sterne ins Meer, schenkt Haschisch- und Opiumfressern den Himmel auf Erden, bietet Trunkenbolden Königreiche und lässt Perrette vor Freude unter ihrer Milchkanne tanzen.

So ist die Vorstellungskraft.

Der Vorstellungskraft verdanken wir die Poesie und die Träume; der Vorstellungskraft sind die Legenden und Symbole zu verdanken, die auf die Schleier der großen Geheimnisse gestickt werden. Sie schreibt Geschichten für Kinder und Legenden für die Landbevölkerung.

Sie lässt die donnernden Götter und die vernichtenden Engel auf den Hügeln erscheinen … die weißen Damen und die Jungfrauen bei den Quellen und den Brunnen.

Sie macht Vorhersagen, die an die Fakten angepasst oder umgedeutet werden, wenn sie nicht eintreffen.

Sie ist die Amme der Hoffnung und die Komplizin der Verzweiflung. Sie ist es, die den Heiligenschein der Heiligen vergoldet und die Hörner des Teufels bronziert. Sie heilt und sie tötet; sie rettet einige und verdammt andere; sie ist keusch wie die Jungfrau und unrein wie Messalina.

Sie schafft Begeisterung und vergrößert so – fast über die Grenzen des Möglichen hinaus – das Reich des Willens.

Sie schafft den Glauben an das Glück und gibt es so lange, wie der Traum anhält.

Die Vorstellungskraft ist die kristalline Linse unseres geistigen Auges; sie reflektiert die Lichtstrahlen unserer Gedanken und vergrößert die Bilder all unserer Wahrnehmungen. Der Umfang unseres Sehvermögens ist so klein, dass wir, um in dieser engen Welt richtig zu sehen, die Dinge größer sehen müssen als in der Natur.

Menschen ohne Vorstellungskraft machen nie etwas Großes, weil ihnen alles in reduzierten Proportionen erscheint.

Der Astronom betrachtet das Universum und stellt sich das Unendliche vor. Der Gläubige betrachtet die Natur und stellt sich Gott vor.

In Wahrheit ist die Vorstellungskraft größer als das Denken.

Die Wissenschaft wird vom Glauben durchflutet, und ohne den Glauben würde die Wissenschaft unsicher bleiben.

Was ist Algebra, wenn nicht die Vorstellung der reinen Mathematik; und was ist Kabbala, wenn nicht die Algebra der Ideen?

Die Vorstellungskraft der Kabbalisten hat die Philosophie in eine exakte Wissenschaft verwandelt, indem sie Ideen mit Zahlen in Verbindung brachte. Die Wissenschaft der Analogien ist ganz und gar eine Wissenschaft der Vorstellungskraft, und die großen Nationen sind nichts als Ansammlungen von kalten Enthusiasten, die sich den Ruhm kraftvoll vorstellen.

Kollektive Vorstellungskraft erzielen die Effekte eines Sonnenmikroskops. Helden werden besonders nach ihrem Tod größer, und die Fiktionen der öffentlichen Meinung stellen die erhabenen Majestäten der Geschichte auf prächtige Sockel.

Wer wird jemals den genauen Wert von Alexander dem Großen oder Napoleon I. kennen?

Marat und Napoleon waren zwei kleine, energische, ruhmhungrige Männer; der eine wollte die Welt befreien, der andere wollte sie versklaven. Der erste wollte nur ein Rinnsal von Blut, der zweite vergoss Flüsse davon und brachte uns außerdem zwei Invasionen, die Herrschaft seines Neffen und vernichtende Katastrophen. Der eine wird gehasst und verabscheut, der andere verehrt. Für den Ersten die Wehklagen, für den Zweiten der Triumphbogen und die Säule; sie sind zwei Übertreibungen, die eine von Schande, die andere von Ruhm.

Und das liegt daran, dass Marat – aufrichtiger und uneigennütziger im Herzen als Napoleon I. – nur ein wütender und lautstarker Tribun war, während Napoleon ein genialer Mann war, das heißt ein Despot der menschlichen Vorstellungskraft.

Es liegt auch daran, dass die Poesie der Nationen prachtvolle Verbrechen mittelmäßigen Tugenden vorzieht, und dass die Maske von Marat eine Fratze ist, die Lachen hervorrufen würde, wenn sie nicht Entsetzen hervorrufen würde, während die Medaille von Napoleon eine Majestät in sich trägt, die sich der Anbetung der Zukunft aufdrängt. Dies sind schlüssige Gründe.

Wenn die Vorstellungskraft einen realen Stützpunkt findet, dann ist es der Hebel des Archimedes; ohne eine solide Basis ist sie nicht mehr als ein Stock, auf dem Narren reiten.

Christoph Kolumbus stellte sich, basierend auf vernünftigen wissenschaftlichen Annahmen, Amerika vor, wagte es, in See zu stechen, um es zu entdecken, und fand es. Wenn man weiß und wenn man will, muss man den Mut haben, es zu wagen.

Die Vorstellungskraft ist die schöpferische Kraft.

Gott ist die Vorstellungskraft der Natur; die Natur hat ihre Träume und Albträume, was sie nicht daran hindert, erhaben zu sein. Die Architekten des Mittelalters skizzierten die Konturen in ihren prächtigen Kathedralen, wo die Wasserspeier, die Kragsteine, die fein gearbeiteten Ornamente von den reinen spitzbogigen Linien zeugen und an der Gelassenheit der Heiligen teilhaben.

Diese großen Künstler hatten das Rätsel von Gut und Böse gelöst; sie verstanden das Licht und seine Schatten.

Es ist die Vorstellungskraft, die Wunder wirkt; durch einen Akt ihrer Vorstellungskraft sind Bauernkinder die Ursache dafür, dass Kirchen gebaut werden, dass ganze Bevölkerungen berührt werden … die Pilgerfahrten von Lourdes und La Salette sind ein Beweis dafür.

In seiner Vorstellungskraft hielt Josua die Sonne an und ließ die Mauern von Jericho beim Klang seiner kriegerischen Trompeten fallen. Durch die Vorstellungskraft werden das Brot zu Gott und der

Wein im Kelch in unsterbliches Blut verwandelt. Nun behaupten wir nicht – wie viele meinen –, dass dies nicht geschieht: Es ist so, wie wir es uns vorstellen, entsprechend dem Wort und im Glauben an Jesu Christi.

Vorstellungskraft heilt Kranke und macht berühmte Ärzte reich. Sie schuf die Homöopathie, mit der alle eifrigen Gläubigen gute Ergebnisse erzielt haben: sie lässt die Tische sprechen und diktiert den Medien ein Durcheinander von gelehrten Seiten oder grobem Unsinn, Gebeten oder Verwünschungen. Sie setzt Hörner auf die Stirn von Moses, wie auch auf die Stirn von betrogenen Ehemännern, wodurch Ersterer wie der Teufel aussieht, und letztere manchmal zornig wie Stiere oder sanft und geduldig wie Ochsen.

Sie verstärkt die Weisheit, übertreibt die Torheit, verlangt zu viel von der Wahrheit und lässt den Irrtum plausibel erscheinen. Dennoch gibt es weder Irrtum noch Täuschung in der Vorstellungskraft: alles, was sie behauptet ist wahr als Poesie, und kann Poesie jemals falsch sein? Sie erschafft, was sie erfindet, und das, was geschaffen wird, existiert. Sich eine Wahrheit vorzustellen heißt, sie zu erahnen; zu erahnen heißt, eine göttliche Macht auszuüben.

Im Lateinischen heißt der Mann, der erahnt, „Divinus", d. h., der göttliche Mann, und der Dichter heißt „Vates", das heißt Prophet. Der Glaube hat nur mit den „Weissagungen" derer zu tun, die sich ewige Wahrheiten einbilden. Moses stellte sich Jehova vor, und die Wolke breitete sich über der Stiftshütte aus. Salomo stellte sich den universellen Tempel vor, und dieser Tempel, der nacheinander von den Assyrern und den Römern zerstört wurde, steht immer noch, unter dem Namen des Heiligen Petrus von Rom.

Alexander stellte sich die Einheit der Nationen vor; sie wurde unter Augustus fast verwirklicht und wiederum später von Peter dem Großen und Napoleon I. angestrebt, deren Antagonismus noch immer das Gleichgewicht der Welt aufrechterhält. Die Vorstellungskraft ist das ewige Dazwischen, das die schwachen Lieben trennt.

Nervöse Frauen werden meist von der Vorstellungskraft übermannt.

Oft reicht es aus, dass ein Mann seltsam oder sogar schrecklich ist, um geliebt zu werden. Der Marquis de Sade, Mirabeau, Marat wurden alle geliebt, und vor ihnen Cartouche und Mandrin.

Es gab Frauen von Welt, die sich in Lacenaire verliebten, und man versicherte mir, dass Troppman in seinem Gefängnis viele Liebeserklärungen erhielt.

Die Don Juans, die Lovelaces, verdanken den größten Teil ihres Erfolges ihrem schlechten Ruf; den Blaubart-Lords mangelt es nie an Opfern, und vor allem, wenn die Dolche der Lanciottas auf sie gerichtet sind, kosten die Francescas da Rimini gerne von der verbotenen Frucht.

Was die Vorstellungskraft am stärksten anregt und folglich das Verlangen steigert, ist das Bewusstsein der Gefahr. Deshalb hat der Gott der Bibel, der wollte, dass die Frau eine Mutter wird, ihr unter Androhung der schrecklichsten Strafen verboten, die Frucht zu berühren, die sie dazu bringen würde, der Liebe nachzugeben.

Erst als sie wussten, dass sie zum Sterben verurteilt waren, dachten der Mann und die Frau daran, für Nachfolger zu sorgen.

Der Tod pflügt das Land der Liebe, und die Liebe sät die Saat, die dazu bestimmt ist, die Ernte des Todes zu vergrößern. Es ist bei Todesstrafe verboten, in das Leben einzutreten, da alle, die geboren werden, zum Sterben bestimmt sind.

Das ist mit der „Erbsünde" gemeint, an der wir nur in der Person unserer Vorfahren schuldig sein können, die in unserem Stammbaum bis zum ersten Erzeuger zurückgehen.

Die Sünde der Geburt ist die Folge der Sünde der Liebe, die die Natur dem Menschen immer zu verbieten scheint, um seinen Appetit auf sie anzuregen.

Die Vorstellungskraft ist der Pegasus der Dichter, der Hippogreif der Paladin, der Adler des Ganymed und die Turteltaube des Anakreon. Es ist der Feuerwagen des Elias und der Engel, der die Propheten an den Haaren wegführt.

Es ist der Cherub mit glühenden Zangen, der Jesajas zitternde und stotternde Lippen kauterisiert, der geheimnisvolle Proteus, der in den Gefilden der Vernunft festgebunden werden musste, damit er eine menschliche Gestalt annahm und die Wahrheit sprach.

So wie es eine latente Wärme gibt, die die molekulare Polarisation von Körpern bestimmt, so gibt es ein latentes Licht, das sich als eine Art innere Phosphoreszenz manifestiert.

Es ist dieses Licht, das die Geister unserer Visionen und Träume erhellt und färbt und uns – in Abwesenheit jeglichen äußeren Lichts – so wunderbare fotografische Bilder sehen lässt.

Auf diese Weise lesen wir im Gedächtnis der Natur oder im allgemeinen Reservoir der Eindrücke und Formen die rudimentären Keime der Zukunft in den Archiven der Vergangenheit.

Somnambulismus ist ein Zustand der Versenkung der Gedanken in das für die Augen unsichtbare Licht im Wachzustand. In diesem universellen Bad, das alle Ahnungen und Erinnerungen widerspiegelt, treffen sich die Geister, durchdringen sich die Intelligenzen; und so kann der eine die Ideen des anderen erraten, übersetzen oder erklären.

So wird das Gehirn des einen zu einem offenen Buch für den anderen, das er fließend lesen kann. Die Wunder des luziden Somnambulismus haben keine andere Ursache und werden durch eine Reihe von Trugbildern und reflexartigen Visionen erklärt.

Das innere Licht verhält sich zum äußeren Licht wie die negative zur positiven Elektrizität, und aus diesem Grund erscheinen die Geister vor allem nachts, und die Zauberer brauchen die Dunkelheit, um ihre sogenannten Wunder zu vollbringen.

Aus diesem Grund können auch „Geister“ und Medien ihre eigentümlichen Phänomene nicht vor allen möglichen Leuten hervorbringen; sie brauchen einen kleinen sympathischen Kreis, der dazu veranlagt ist, den ansteckenden Einfluss jener inneren Phosphoreszenz zu empfangen, die nur dieses Medium sehen und fühlen lässt, was für andere weder sichtbar noch fühlbar wäre.

Dann wird man langsam und allmählich vom Leben des Traums durchdrungen. Möbel bewegen sich, Stifte beginnen zu schreiben, ohne dass man sie berührt; Menschen werden vom Boden angehoben und bleiben in der Luft hängen …

Realitäten werden verrückt, und verrückte Ideen erscheinen real; Hellseher sind unempfindlich gegenüber körperlichen Schmerzen. Die Konvulsionäre von St. Medard bettelten darum, mit Holzstöcken oder Eisenstangen ausgepeitscht zu werden; die Somnambulen schmecken im reinen Wasser alle Aromen, die sich der Magnetiseur vorstellen kann.

Die Toten erscheinen; Hände ohne Körper kommen, um dich zu berühren … Aber wenn ein gesunder Mensch erscheint, oder einer, der dem Kreis nicht sympathisch ist, verstummen sofort die Orakel, die Hände verschwinden, die Möbel hören auf zu tanzen, alles kehrt zu seiner natürlichen Ordnung zurück, und die Mitglieder des Kreises sind so mürrisch wie Schläfer, die zu plötzlich aus ihrem Schlummer geweckt werden.

Dieses Licht der Träume, das wir als dunkles oder schwarzes Licht bezeichnen könnten, existiert unabhängig von der Sonne und den Sternen, ebenso wie das der Glühwürmchen, Leuchtkäfer und Irrlichter. Es verschmilzt nie mit dem äußeren sichtbaren Licht, kann aber seinen Abdruck im Gehirn hinterlassen, einen flüchtigen Abdruck bei den Halluzinierenden, einen bleibenden Abdruck bei den Dementen.

Nervensysteme, die mit schwarzem Licht gefüllt (gesättigt) sind, werden zu schlecht regulierten Magneten und erzeugen von Zeit zu Zeit auf trägen Objekten Reize oder Eindrücke, deren Wirkungen wunderbar erscheinen, besonders wenn sie – wie es fast immer geschieht – durch die zuvorkommende Vorstellungskraft der Zuschauer verstärkt und vervielfacht werden. Leichtgläubigkeit eignet sich gut für Wunder.

Schwache Gemüter neigen von Natur aus zum Wunderbaren, und es ist ziemlich schwierig, sie von ihren Täuschungen zu befreien, wenn sie darauf beharren, getäuscht werden zu wollen.

Es ist noch nie ein Wunder geschehen, hier triumphieren Wissenschaft oder Vernunft. Es ist nie eines in der Gegenwart weiser und gebildeter Menschen geschehen. Seltsame Phänomene können letztendlich zwar die Neugierde wecken und die Forschung von Wissenschaftler anspornen, aber sie können in keinem Fall das Eingreifen übernatürlicher Wesen beweisen.

In der Tat ist Gott übernatürlich allein in dem Sinne, dass er der Meister der Natur ist. Alles, was nicht Gott ist, fällt zwangsläufig in den Bereich der Natur.

Wir müssten sowohl die Naturgesetze als auch die Regeln der Exegese ignorieren, um die dogmatischen und sakramentalen Äußerungen der Heiligen Schrift und der Konzilien wörtlich und in ihrer natürlichen Bedeutung zu akzeptieren.

So lehrt uns der Glaube, dass es im Sakrament der Eucharistie eine Transsubstantiation gibt. Ist diese Transsubstantiation natürlich? Offensichtlich nicht: sie ist geheimnisvoll und sakramental.

Eine Substanz kann durch eine andere ersetzt werden, aber eine Substanz wird nicht zu einer anderen Substanz; es ist immer dieselbe Substanz, je nach Fall amalgamiert oder modifiziert.

Die Chemie zersetzt Körper und setzt sie wieder zusammen, aber sie verwandelt nicht ein Ding in ein anderes, denn dann würden beide Dinge gleichzeitig existieren und nicht existieren.

Um buchstäblich und vollständig Wasser in Wein zu verwandeln, müsste man Wasser vernichten und Wein erschaffen – eine doppelte Absurdität – denn nichts kann vernichtet werden, und Wein kann nicht ohne Trauben erschaffen werden.

Das Verdampfen von Wasser und Ersetzen von Wein wäre ein bloßer Taschenspielertrick und keine „Substanzveränderung".

Brot kann zu Fleisch und Wein zu Blut werden, aber nur durch den Prozess der Assimilation und nicht durch Transsubstantiation.

Diese dogmatischen Äußerungen müssen daher auf den Bereich des Dogmas und der Symbole beschränkt bleiben. Wissenschaftlich betrachtet, in ihrem natürlichen Sinn, sind sie reiner Unsinn. Das Dogma ist die Formel für imaginäre Realitäten. Beachten Sie, dass wir hier von „Realitäten" sprechen, nicht von Fiktionen.

Die Behauptungen des Dogmas, in Bezug auf den Glauben, sind in der Tat Realitäten; aber diese Realitäten sind imaginär, weil wir sie nur durch Vorstellungskraft begreifen können, da sie sich der Analyse sowohl der Wissenschaft als auch der Vernunft entziehen.

Es ist allein die Vorstellungskraft, die alle Wunder vollbringt. Übrigens, was ist ein Wunder? Dies ist ein außergewöhnliches Phänomen, dessen Ursache unbekannt ist. Die Wissenschaft schweigt dann und überlässt der Vorstellungskraft das Wort. Diese fängt sofort an, eine Ursache zu erfinden und zu behaupten, die in keinem Verhältnis zur Wirkung steht.

Die Menge nimmt diese Aussage als Evangelium an und das Wunder wird unbestreitbar.

Alle gebildeten Menschen wissen, dass die Wunder der Bibel orientalische Übertreibungen sind.

Moses benutzte die Ebbe und Flut des Meeres; Josua entdeckte eine Furt im Jordan, und um die Mauern von Jericho zum Einsturz zu bringen, benutzte er eine jener explosiven Verbindungen, von denen die Priester das Geheimnis kannten. Aber die Nationaldichter erzählen uns, dass sich das Meer öffnete, der Jordan rückwärts floss und die Mauern von selbst fielen.

Dasselbe gilt für die Sonne, die in ihrem Lauf anhält, um einen großen Tag des Sieges zu beleuchten; und lesen wir nicht in den Psalmen Davids, dass die Berge wie Widder und die Hügel wie Lämmer hüpften?

Sollten wir das wörtlich nehmen? Derselbe Dichterkönig fügt hinzu, dass Steine zu Teichen und Felsen zu Springbrunnen gemacht wurden. Haben wir hier eine Transsubstantiation?

Theologen behaupten, dass wir die Worte Jesu Christi wörtlich nehmen müssen, als er vom Brot sagte: „Das ist mein Leib“ und vom Wein: „Das ist mein Blut“. Aber dann müssen wir auch die Worte, die er sprach, wörtlich nehmen: „Ich bin der wahre Weinstock und ihr seid die Reben“.

War Jesus Christus wirklich und buchstäblich ein Weinstock?

Sollen wir glauben, dass die Wissenschaft von Gut und Böse wirklich ein Baum war und dass die bitteren Früchte dieses doppelstämmigen Baumes, der Leben und Tod gibt, Pfirsiche oder Äpfel waren? Haben die Schlange von Eden und Bileams Esel wirklich gesprochen?

Man wird aufhören, diese Fragen zu stellen, wenn die Menschen, die behaupten, andere zu lehren, aufhören, so dumm wie Wilde zu sein.

Paradoxon VII

Der Wille erreicht alles, was er nicht möchte

Ein unerschütterlicher gesunder Menschenverstand in Kombination mit einer starken Vorstellungskraft ist das, was wir Genie nennen. Der Mann, der diese beiden Kräfte besitzt, kann sich völlig unabhängig machen und nach Belieben Einfluss auf den einfachen Menschen ausüben.

Er wird sich – nach seinem Wohlgefallen – Diener und Freunde schaffen, es sei denn, er macht sein Genie von einer geheimen Schwäche abhängig. Es ist möglich, dogmatischen gesunden Menschenverstand zu haben, ohne praktischen Menschenverstand zu haben. Große Männer sind oft ihre eigenen Narren: Sie lieben den Ruhm, wie Orpheus seine Gefährtin liebte; sie suchen ihn überall – sogar in der Unterwelt – und drehen im verhängnisvollen Moment um … um zu sehen, ob Eurydike ihnen folgt.

Der wahre Ruhm ist das, was uns niemand nehmen kann; er basiert auf Verdiensten und nicht auf dem Beifall der Menge; er fürchtet nicht die Launen des Schicksals, denn er verdankt nichts dem Zufall; er liebt weder Tumult noch Lärm; in der Stille der Erde genießen wir den Frieden des Himmels.

Prinz Sakiamuni, der Buddha genannt wurde, sagte, dass alle Qualen der menschlichen Seele entweder von Furcht oder von Verlangen herrühren, und er schloss mit zwei Sätzen, die wir wie folgt wiedergeben können: „Begehre nichts – auch nicht die Gerechtigkeit – warte, bis der Himmel sie früher oder später gibt.

Nirvana ist keine Vernichtung; es ist in der Ordnung der Natur, die große Versöhnung. Ohne Furcht und Begierde zu wollen, ist das Geheimnis des allmächtigen Willens."

Gott fürchtet nichts; er weiß, dass das Böse nicht triumphieren kann, und er begehrt nichts, denn er weiß, dass das Gute sich selbst vollenden wird. Aber er will, dass die Wahrheit ist, weil sie wahr ist, und dass die Gerechtigkeit getan wird, weil sie gerecht ist.

Die Magie muss das wollen, was der Magier will. Er will die Schönheit der Natur, denn er genießt sie in ihrer Fülle und missbraucht sie nicht. Er möchte, dass der Frühling voller Blüten ist, die Rosen in ihrer Schönheit erblühen, die Kinder glücklich sind und die Frauen geliebt werden.

Er möchte, dass Männer sich gegenseitig unterstützen, die Frauen ermutigen und den Alten helfen.

Er will, dass das ewige Gute über das vergängliche Böse triumphiert, und er nimmt geduldig und friedlich an der Arbeit der Gesellschaft und der Natur teil.

Er will Ordnung, Vernunft, Güte, Liebe, und im Hinblick auf das, was er will, arbeitet er mit all seiner Kraft. So erlangt er Unsterblichkeit und Glück.

Nichts begehrend, ist er reich; nichts fürchtend, ist er frei; nur fragend, was er fragen muss, ist er glücklich. Ein Dichter sagte einmal über Gott: „Wollen ist für ihn schaffen; existieren ist produzieren.“ Dasselbe kann vom Magier gesagt werden: das Gute zu begehren bedeutet bereits, das Gute zu tun: keine Existenz ist unproduktiv.

Hiob, auf seinem Misthaufen liegend, vollbrachte ein erhabenes Werk: Er gab der Welt die Geduld.

Alles Leiden ist eine Geburt: Armut gebiert Reichtum, Krankheit Gesundheit, Gefangenschaft Freiheit, Strafe Sühne und Vergebung, Tränen Freude. Der Tod ernährt das Leben.

Für diejenigen, die wissen und lieben, ist alles Hoffnung und Glück.

Reichtum, Ehre und Vergnügen, das ist es, wonach die Mehrzahl der Menschen strebt, ohne je daran zu denken, dass die Vergnügungen zugleich der Ruin des Reichtums und der Ehre sind; ohne daran zu denken, dass der Reichtum Sättigung und Abscheu vor den Vergnügungen hervorruft, und dass die Ehren allzu oft um den Preis der Niederträchtigkeit erkauft werden.

Welche Enttäuschungen warten auf diese Männer!

Der Geizige hortet das Elend, der Lüstling verdirbt seine Sinne und tötet sein Herz; was den Ehrgeizigen betrifft, der das Kapitol zu erklimmen gedenkt, so findet er nur auf den tarpejischen Felsen.

Der Geizige leidet Hunger und Durst, wie Tantalus; der Wollüstige dreht sich unter dem Rad des Ixion, der Ehrgeizige wälzt ewig den Felsen des Sisyphos ...

Ihr Leben ist eine Hölle, ihr Ende Verzweiflung.

Der Magier – oder, wenn Sie es vorziehen, der Weise – begrüßt Vergnügen, nimmt Reichtum, Verdienste oder Ehrungen an, aber er macht sich niemals zu deren Sklave.

Er weiß arm zu sein, sich zu mäßigen und zu leiden; er erträgt es bereitwillig, vergessen zu werden, denn sein Glück, das sein Eigentum ist, erwartet nichts und fürchtet nichts von den Launen des Schicksals.

Er kann lieben, ohne geliebt zu werden. Er kann unvergängliche Schätze schaffen und sich über die Ebene von Ehrungen, Geschenken des Zufalls, erheben. Er besitzt, was er sich wünscht und genießt tiefen Frieden und bedauert nichts, was zu Ende gehen muss.

Aber er erinnert sich mit Freude an alles, was gut für ihn war.

Seine Hoffnung ist bereits eine Gewissheit. Er weiß, dass das Gute ewig und das Böse vergänglich ist. Der Magier kann die Einsamkeit genießen, aber er meidet nicht die Gesellschaft von Menschen. Er ist kindlich mit Kindern, fröhlich mit der Jugend, ernst mit den Alten, geduldig mit den Narren, glücklich mit den Weisen.

Er lächelt mit all denen, die lächeln, er weint mit all denen, die weinen. Er nimmt an allen Festen teil, sympathisiert mit allen Trauernden, applaudiert allen Anstrengungen des Geistes und ist nachsichtig mit allen Schwächen. Da er niemanden beleidigt, muss er nie um Vergebung bitten, und er muss auch nicht selbst vergeben, weil er sich nie beleidigt fühlt.

Er hat Mitleid mit denen, die ihn nicht kennen, und wartet auf eine Gelegenheit, ihnen etwas Gutes zu tun. Undankbarkeit vergilt er gern durch Freundlichkeit. Da er bereit ist, sich von allem zu trennen, nimmt er mit Freude und Dankbarkeit alles an, was ihm angeboten wird.

Er stützt sich liebevoll auf alle Arme, die ihm in schweren Zeiten entgegengestreckt werden, und hält Rousseaus mürrischen Stolz nicht für Tugend.

Er denkt, dass er anderen einen Gefallen tut, indem er sie in die Lage versetzt, etwas Gutes zu tun, und er antwortet nie mit Ablehnung, egal ob er etwas anbietet, oder um etwas gebeten wird.

Glauben Sie nicht, dass ein Mann dieses Charakters größer ist als ein König, reicher als ein Millionär, glücklicher als ein Faublas oder ein Sardanapal?

Glücklich ist derjenige, der diese Größe versteht, diesen Reichtum zu schätzen weiß und diese Freude und diesen Genuss zu genießen weiß! Er wird nichts anderes wollen, und alles, was er will, wird er haben.

Perfektion ist Gleichgewicht; ein Übermaß an Entbehrung ist ebenso gefährlich wie ein Übermaß an Genuss. Die Mazeration ist eine Seite des ungesunden Epikurismus. Fakire verdorren und sterben gerne in der Ekstase ihres Stolzes.

Die Büßer, Henker ihres eigenen Körpers und ihrer Seele, spüren die Grausamkeit Gottes, den sie zu rächen glauben, in sich triumphieren. Die Büßer sind diejenigen, die sich den härtesten Disziplinen unterwerfen.

Papst Pius V. war ein Asket, und der schreckliche St. Dominikus war ein rigoroser Büßer, ohne Mitleid mit sich selbst.

Der Fanatiker, der fähig ist, sich selbst für seinen Gott zu töten, ist ebenso fähig, seinen Nächsten zu töten; Orgien der Enthaltsamkeit verhärten das Herz ebenso sicher wie Orgien der Ausschweifung.

Der perfekt ausbalancierte Mensch kann ohne Angst vor Stürzen gehen oder laufen.Man muss jemand sein, um es zu verdienen, zu leben; man ist jemand, um etwas zu tun. Wir existieren nur, um zu handeln; wir denken, um zu sprechen.

Auch die Vernunft ist das Wort; aber das Wort ist nicht nur das Sprechen, es ist Leben und Handeln. Wir sind stark, um zu arbeiten; wir sind gelehrt, um zu lehren; wir sind Ärzte, um die Kranken zu heilen.

„Auch zündet man nicht eine Lampe an und stellt sie unter den Scheffel“, sagt Christus.

Das Licht muss auf einen Leuchter gestellt werden; jeder ist allen verpflichtet, so wie alle jedem Einzelnen verpflichtet sind.

Wir dürfen das goldene Talent nicht verstecken, wir müssen es zur Bank bringen, damit es sich vermehren kann. Leben heißt lieben, und lieben heißt Gutes tun. Wir sollten den Fortschritt der Menschheit wünschen, den Wohlstand unseres Landes, die Ehre unserer Familie, die Erhaltungung der Welt.

Der Mensch, der sich für niemanden interessiert, ist ein toter Mensch, der vergessen werden sollte.

„Wenn jemand mir nachfolgen will", sagt Christus, „dann verleugne er sich selbst, nehme sein Kreuz auf sich und folge mir nach." Sich selbst zu verleugnen bedeutet, den Egoismus hinter sich zu lassen und mit der Nächstenliebe zu beginnen.

Das wahre Leben des Menschen liegt nicht in ihm selbst, sondern in anderen. Sein Kreuz zu tragen bedeutet, die Schmerzen und Prüfungen des Lebens mutig zu ertragen.

Alle Weisen haben ihre Kreuze zu tragen gehabt. Jesus hatte, bevor er nach Golgatha ging, die Undankbarkeit der Juden und die Dummheit seiner Jünger. Sokrates hatte Xanthippe, Platon hatte Diogenes. Die Philosophie muss aus dem Buch Hiob gelernt werden.

„Selig sind die, die weinen", sagte der Meister; aber noch seliger, sagen wir, sind die, die zu leiden wissen, ohne zu weinen.

Fénelon findet in seinen „Dialogen über die Toten" Heraklit humaner als Demokrit. Rabelais ist anderer Meinung: Tiere weinen, nur der Mensch kann lachen; das Lachen ist daher menschlicher als die Tränen; es ist der Trost des Menschen, und Homer zögert nicht, es zum Privileg der Götter zu machen.

Die Grabinschrift des skandinavischen Helden lautete: „Er lachte und starb".

Es gibt gutes und schlechtes Lachen; aber das gute ist das echte. Das andere ist nur das Gackern des Truthahns oder die Grimasse des Affen.

Gute und intelligente Menschen wissen, wie man lacht; die Bösen und Törichten können nur höhnisch lachen. Offenes Lachen ist die Frucht jener Freude, die nur ein gutes Gewissen hervorbringen kann. „Der Baum wird nach seinen Früchten beurteilt", sagt das Evangelium. „Man kann keine Trauben von Brombeersträuchern pflücken".

Beginnen Sie damit, sich vorzunehmen, wirklich gut zu sein, und alles, was Sie tun, wird gut sein. Das Gute, das Schöne, das Wahre – Tugend, Ehrlichkeit, Gerechtigkeit – sind untrennbare Dinge, aus denen das wahre Glück hervorgeht, denn das Ergebnis ist der Friede, d. h. die Ruhe in der ewigen Ordnung.

Damit der Wille stark ist, muss er ausdauernd und ruhig sein.

„Gott schwankt nicht", sagt die Bibel, und wir können niemals vorankommen, wenn wir ständig auf dem Weg anhalten und unsere Schritte zurückgehen.

Wenn du den guten Samen gesät hast, darfst du den Boden, der ihn aufgenommen hat, nicht aufrühren, aber auch nicht aufhören zu gießen, was gesät wurde. Dann wird der Keim aus dem Boden kommen und die Pflanze wird von selbst wachsen. Wenn der Sauerteig in den Backtrog gegeben wurde, muss man ihn arbeiten lassen.

Die kleinste Anstrengung, ständig wiederholt, überwindet alle Hindernisse.

Wir müssen mit unermüdlicher Geduld ausharren.

Die mächtigsten Männer sind diejenigen, die sich nicht überanstrengen und nur zur rechten Zeit, mit Maß und Verstand handeln.

Es sind Arbeit und Sparsamkeit, die Wohlstand schaffen und vermehren; Sparsamkeit darf jedoch nicht mit Gier verwechselt werden. Der Reichtum des sparsamen Mannes wird ausgegeben und verteilt; der Geizhals hält zurück und beschlagnahmt.

Der Reichtum des sparsamen Mannes ist lebendig, der des Geizhalses ist tot. Der Sparsame pflügt, der Geizige vergräbt. Der Reichtum des sparsamen Mannes ist für alle nützlich, der des Geizhalses ist für andere und für ihn selbst nutzlos. Der eine nutzt, der andere missbraucht. Der eine sammelt, der andere monopolisiert; die Besitztümer des einen sind sein Eigentum, die des anderen sind die Frucht von Raub und Verstecken von Diebesgut.

Es ist sicher, dass der Mensch kein Recht hat, nur für sich selbst zu leben; seine Verhaltensregel kann nicht seine eigene Laune sein. Als Kind der Natur muss er ihre Gesetze respektieren; als Mitglied der Gesellschaft muss er ihre Pflichten akzeptieren.

Sein Wille kann ihn souverän machen, aber nur unter der Bedingung, dass diese Souveränität verfassungsgemäß ist. Jeder ungeordnete Wille erleidet Schiffbruch und geht in die Brüche. Jede Laune ist eine törichte Verausgabung von Leben und ein Schritt in Richtung Tod.

Um effektiv zu wollen, muss man mit Korrektheit und Gerechtigkeit wollen; und um korrekt zu wollen, muss man die Dinge vernünftig beurteilen und sich nicht von Vorurteilen oder Leidenschaft in die Irre führen lassen.

Die Meinung des einfachen Mannes ist nicht die Verhaltensregel des Weisen. Er greift sie nicht offen an, aber er passt sich ihr auch nicht an.

In allen populären Meinungen steckt eine verkannte Wahrheit. Macht und Vergnügung, das ist es, was Männer fasziniert und anzieht. In Wirklichkeit ist es das, was die Fülle des menschlichen Lebens ausmacht: Macht zu haben und das Glück in sich selbst zu finden.

Worin unterscheiden sich dann die Narren von den Weisen? Indem die Ersteren das Mittel zum Zweck einsetzen, und das Ergebnis ist, dass das größte Gut für sie zum größten Übel wird. Alle Dinge zu besitzen, außer Intelligenz und Vernunft, welch ein Luxus des Elends!

Alle Macht zu haben, Böses zu tun, was für ein schreckliches Schicksal! Am Missbrauch gefallen zu finden, was für ein Selbstmord! Ist ein Feigling ein tapferer Krieger, weil er ein großes Schwert schwingt?

Ist ein Schwein ein Mensch, weil es Trüffel von einem goldenen Teller isst? Kann man stolz darauf sein, anderen zu befehlen, wenn man nicht Herr über sich selbst ist?

Alexander der Große, Eroberer der Inder und Perser, konnte seine eigene Unmäßigkeit nicht überwinden; als Herr der Welt gab er sich in seiner Trunkenheit einem Wutanfall hin und tötete seinen Freund Kleitos.

Er schien kurz davor zu sein, ein Universum zu sprengen, das zu klein war, um ihn zu fassen, und er starb an zu viel Wein in einer rasenden Orgie. Dieser Mann, mal Gott, mal Bestie, dieser Mann, der die Völker vor seinem ehrgeizigen Wahnsinn hatte erzittern lassen, starb in einem Anfall von Delirium tremens.

Er stirbt jung, wie alle übertriebenen Erwartungen, und der Abbruch dieser gigantischen Existenz ist ein Schandfleck auf seinem Ruhm. Was für ein Nichts nach so viel Großartigkeit!

Welch unnützer Ruhm schwebt und verflüchtigt sich um diesen kleinen Leichnam! Und hatte Jesus nicht ihn im Sinn, als er sagte: „Was nützt es dem Menschen, die Welt zu gewinnen, wenn er seine Seele verliert?“

Der Frosch in der Fabel bläst sich auf, um monströs zu werden; am Ende platzt er. Ähnlich verhält es sich mit einem Menschen, der es ohne Vernunft schafft, zu groß zu werden, was würde er werden, wenn nicht eine gigantische Torheit, ein riesiger Wahnsinn, ein dichter Schatten, den der kleinste Funke der Vernunft nur schwer durchdringen kann.

Denn die Vernunft ist immer dieselbe, ob sie auf den Thronen der Wissenschaft oder der Macht sitzt, oder ob sie sich in der bescheidensten Sphäre befindet, sie ist nicht weniger das Licht Gottes.

Die Vernunft ist wie die geweihte Hostie des katholischen Glaubens, jene Hostie, deren kleinstes Teilchen Gott in seiner Fülle enthält oder vielmehr zum Ausdruck bringt. Wo die Vernunft ist, da ist auch die Göttlichkeit. Was die Vernunft will, will Gott. Der Vernünftige hat Anteil am göttlichen Königtum. Er will, weil die Vernunft will, und sein Wille ist unbesiegbar.

Er kann wie Christus sagen: „Ich bin das Prinzip, das spricht“.

Er mag Gegner, Widersacher, Unterdrücker haben … Er hat keinen Herrn auf Erden und seinesgleichen im Himmel. Die Sonne, die auf ein Insekt scheint, ist nicht weniger prächtig als die, die dem Mond seinen Glanz verleiht, und ein Bettler im Recht ist einem Prinzen im Unrecht überlegen.

Diogenes zog mit Recht einen Sonnenstrahl dem Schatten Alexanders vor; der Zyniker erwies sich als ebenbürtig mit dem Eroberer, dessen Macht er durch sein eigenes Recht begrenzte, nicht gestört zu werden.

Nichts zu wünschen, nichts zu fürchten, stark und geduldig das zu wollen, was richtig ist, bedeutet größer und stärker zu sein als alle Herren der Erde.

Zusammenfassende Rekapitulation

Magie und Magismus

Das Wort „Magie“ ist, nachdem es im Mittelalter so gefürchtet und verabscheut wurde, heute fast lächerlich geworden. Ein Mensch, der sich ernsthaft mit Magie beschäftigte, würde kaum als vernünftiger Mensch durchgehen, es sei denn, man hielt ihn für einen Arzt oder einen Scharlatan.

Leichtgläubige Menschen nehmen bereitwillig an, dass alle Magier Wundertäter sind, und sie sind andererseits überzeugt, dass nur die Heiligen ihres Glaubens das Recht haben, Wunder zu wirken; sie schreiben daher die Ideen und Phänomene der Magie grundlos dem Einfluss des Teufels und der bösen Geister zu.

Was uns betrifft, so glauben wir, dass die Wunder der Heiligen, wie auch die, die den Dämonen zugeschrieben werden, das natürliche Ergebnis von Ursachen sind, die abnormal verwendet werden. Die Natur gerät nie aus dem Gleichgewicht; ihr ständiges Wunder ist die unveränderliche und ewige Ordnung, die in ihr herrscht.

Außerdem sollte man Magie nicht mit Magismus verwechseln. Magie ist eine okkulte Kraft; Magismus ist eine Doktrin, die zum Ziel hat, diese Kraft in Macht zu verwandeln.

Ein Magier ohne Magismus ist nur ein Zauberer.

Ein Magus[1] (oder Magier), der die Magie nicht praktiziert, ist nur jemand, der weiß.

Der Autor dieses Buches ist ein Magier, der die Magie nicht praktiziert; er ist ein Mann des Studiums und nicht ein Mann der Phänomene. Er behauptet, weder ein Magier noch ein Magus zu sein, und kann nur mit den Schultern zucken, wenn er mit einem Zauberer verwechselt wird.

---

1) Magus steht hier für eine Person, die Magismus betreibt.

Er hat die Kabbala und die magischen Lehren der alten Heiligtümer studiert; er fühlt, dass er sie versteht; er glaubt aufrichtig an sie und bewundert sie. In seinen Augen ist sie die edelste und wahrhaftigste Wissenschaft, die die Welt besitzt, und er bedauert zutiefst, dass sie so wenig bekannt ist.

Deshalb versucht er, sie bekannter zu machen, indem er für sich selbst nur den Titel eines Professors der hohen Wissenschaft beansprucht. Die Wissenschaft des Magismus ist in den Büchern der Kabbala, in den Symbolen Ägyptens und Indiens, in den Büchern des Hermes Trismegistos, in den Orakeln des Zoroaster und in den Schriften einiger großer Männer des Mittelalters, wie Dante, Paracelsus, Trithemus, Guillaume Postel, Pomponaceus, Robert Fludd usw. enthalten.

Die Werke der Magie sind Wahrsagerei oder Vorhersehungen, Thaumaturgie oder der Gebrauch von außergewöhnlichen Kräften und Theurgie oder Macht über Visionen und Geister.

Man kann vorahnen oder voraussagen, entweder durch Beobachtung und Induktion der Weisheit, oder durch die Intuitionen der Ekstase, des Schlafes, der Berechnungen der Wissenschaft, oder durch die Visionen der Verzückung, die eine Art Rausch sind. Deshalb nennt Paracelsus es „ebriecatum“ oder eine Art der Trunkenheit.

Zustände, die mit Somnambulismus, Exaltation, Halluzination, Intoxikation, entweder durch Alkohol oder spezielle Drogen, mit einem Wort, jede Art von künstlichem oder zufälligem Wahnsinn zu tun haben, bei denen die zerebrale Phosphoreszenz erhöht und übererregt ist, sind gefährlich und naturwidrig. Es ist daher falsch, zu versuchen, sie zu erzeugen, weil sie das nervliche Gleichgewicht stören und fast immer zu Raserei, Katalepsie und Wahnsinn führen.

Wahrsagerei und Vorhersage durch reine Klugheit erfordern eine gründliche Kenntnis der Naturgesetze, eine ständige Beobachtung der Phänomene und ihrer Zusammenhänge; die Unterscheidung der Geister durch die Wissenschaft der Zeichen, die genaue Natur der Analogien und die Berechnung – ob integral oder differenzial – der Chancen und Wahrscheinlichkeiten. Es ist nützlich, zu erahnen und vorherzusehen, aber wir dürfen uns nicht darauf einlassen, Prophezeiungen zu machen. Ein Prophet, der sich für diese Sache interessiert, ist immer ein falscher Prophet, denn der Wunsch trübt die Weisheit.

Ein uneigennütziger Prophet, also ein wahrer Prophet, macht sich immer Feinde, weil es in dieser Welt immer mehr Böses als Gutes vorauszusagen gibt. Die okkulten Wissenschaften sollten immer verborgen gehalten werden. Die Eingeweihten, die sprechen, sind profan; und wer nicht zu schweigen weiß, weiß nichts.

Noah sah die Flut voraus, achtete aber sehr darauf, das nicht zu offenbaren. Er hielt seine Zunge im Zaum und baute seine Arche.

Joseph sah die sieben Jahre der Hungersnot voraus und ergriff seine Maßnahmen, um den ganzen Reichtum Ägyptens für den König und die Priester zu sichern. Jona sagte die Zerstörung von Ninive voraus und floh verzweifelt, weil seine Vorhersage nicht eintraf.

Die frühen Christen sagten den Brand Roms voraus, und Nero beschuldigte sie mit dem Anschein von Gerechtigkeit, es in Brand gesetzt zu haben.

Macbeths Hexen veranlassten ihn zum Königsmord, indem sie ihm einredeten, er würde König werden.

Prophezeiungen scheinen das Böse anzuziehen und führen oft zu Verbrechen.

Die Juden glaubten, dass die Herrlichkeit Gottes von der Bewahrung ihres Tempels abhängen würde; seine Zerstörung vorherzusagen war daher Blasphemie.

Jesus wagte es, und die Juden, die erst am Tag zuvor ihre Gewänder vor seinen Füßen ausgebreitet und seinen Weg mit Palmzweigen und Blumen geschmückt hatten, begannen mit einer Stimme zu schreien: „Er soll gekreuzigt werden!“

Aber nicht für sie hatte der Heiland diese Vorhersage gemacht, sondern für den kleinen Kreis seiner treuen Jünger und Apostel; leider wurde sie öffentlich und diente als Vorwand für die legale Ermordung des besten und göttlichsten aller Menschen.

Wenn es uns möglich ist, mit Sicherheit vorherzusagen, wann Finsternisse auftreten und Kometen wiederkehren, warum sollten wir dann nicht in der Lage sein, die Perioden der Größe und des Verfalls von Imperien vorherzusagen?

Wissen wir angesichts der Art eines Samens nicht, was für ein Baum daraus entstehen muss? Können wir bei Kenntnis des Antriebs, der Ladung und der Hindernisse nicht auch die Dauer und das Ausmaß der Bewegung abschätzen? Lesen Sie das Buch: „Pronosticatio eximie doctris Teophrasti Paracelsi“ und Sie werden erstaunt sein, was dieser große Mann alles vorhersagen konnte, indem er die Berechnungen der Wissenschaft mit den Intuitionen seiner wunderbaren Klugheit verband!

Mithilfe wissenschaftlicher Berechnungen kann man sicher vorhersagen, aber unsicher, wenn man sich nicht auf seine sensible, feinfühlige Natur oder auf magnetische Intuition verlässt. Das Gleiche gilt für Wunder. Das sind erstaunliche Phänomene, weil sie abnormal sind und als Folge eines bisher unbekannten Naturgesetzes entstehen.

Als Elektrizität noch ein Mysterium für die Massen war, waren elektrische Phänomene Wunder. Magnetische Phänomene sind für die Anhänger des Spiritismus zum gegenwärtigen Zeitpunkt überraschend, weil die Wissenschaft die Kräfte des menschlichen Magnetismus – der sich aus unserer Sicht vom tierischen Magnetismus unterscheidet – noch nicht offiziell anerkannt und bestimmt hat.

Es ist noch nicht bekannt, inwieweit der Wille und die Fantasie des Menschen Mächte sind. Offensichtlich ist, dass die Natur ihnen in manchen Fällen gehorcht: der Kranke wird plötzlich wieder gesund, träge Gegenstände wechseln ohne ersichtlichen Grund ihren Platz, unsichtbare und fühlbare Formen werden erzeugt; und die Ursache von all dem ist für die einen Gott, für die anderen der Teufel, ohne dass einer von beiden bedenkt, dass Gott zu groß ist, um sich herabzulassen, der Komplize oder Anstifter von Zaubertricks zu sein; und dass der Teufel – wenn er so existiert, wie die Legende ihn uns darstellt – zu intelligent und zu stolz wäre, um sich lächerlich zu machen.

Alle exklusiven Religionen beruhen auf Wundern, und jede schreibt die Wunder, die im anderen Glauben vollbracht werden, dem Teufel zu. In diesem Sinne haben sie alle bis zu einem gewissen Grad recht. Der Teufel ist Unwissenheit, die Dämonen sind falsche Götter. Nun, alle falschen Götter wirken Wunder; der wahre Gott wirkt nur eines, nämlich die ewige Ordnung.

Die Wunder des Evangeliums sind die wunderbaren Operationen des göttlichen Geistes, erzählt in rätselhafter Form, wie es bei den Alten und besonders bei den Orientalen üblich war.

Der Geist verwandelt Wasser in Wein, d. h. Gleichgültigkeit in Liebe; er wandelt auf dem Wasser und beruhigt mit einem Wort den Sturm; er öffnet die Augen der Blinden und die Ohren der Tauben; er lässt die Stummen sprechen und die Gelähmten gehen.

Er lässt die Menschheit auferstehen, die vier Tage lang (das heißt viertausend Jahre lang) begraben war; er zeigt sie in ihrer Verwesung, wie Lazarus, und befiehlt, dass sie von ihren Binden und ihrem Leichentuch befreit wird.

Das sind die wahren Wunder Christi; wenn er aber nach Wundern gefragt wird, antwortet er:

„Dieses lasterhafte und ehebrecherische Geschlecht verlangt nach Wundern, aber es wird ihm keines gegeben werden, außer dem des Propheten Jonas."

Hier gibt uns der Meister zu verstehen, dass die Wunder der Bibel auch Allegorien sind. Jonas kam lebend aus dem Körper des Fisches heraus, der ihn verschluckt hatte, das ist die Menschheit, die sich regeneriert. Jesus gab den Juden seine Lehre und das Beispiel seiner Tugenden als unanfechtbare Wunder.

Jesus hat sicherlich Kranke geheilt; nach ihm haben auch Vespasian, Apollonius, Gassner, Mesmer und Jacob „le Zouave" Kranke geheilt. Auch in Lourdes haben Kranke ihre Gesundheit wiedererlangt, wie am Grab des Diakons Paris; aber solche Heilungen sind keine Wunder: sie sind die natürliche Folge einer gewissen Steigerung im Glauben. Jesus Christus selbst sagte dies, als er jemandem antwortete, der ihn fragte.

„Kannst du mich heilen?", fragte dieser. „Ja, wenn du glauben kannst, denn alle Dinge sind möglich für den, der Glauben hat."

Der Glaube erzeugt bestimmte scheinbare Wunder, und die öffentliche Leichtgläubigkeit verstärkt sie. Als Jesus sagte, dass dem, der glaubt, alles möglich ist, meinte er nicht, dass das Unmögliche jemals zum Möglichen werden könnte.

Das Unmögliche ist das, was den unveränderlichen Gesetzen der Natur und der ewigen Vernunft absolut zuwiderläuft.

Jeder Mensch hat ein magnetisches Zentrum (Fokus), das anzieht und ausstrahlt. Diese Anziehung und Projektion ist das, was wir in der Magie die Einatmung und die Ausatmung nennen.

Der gute Mensch atmet das Gute ein und aus, der böse Mensch zieht das Böse an und atmet es aus. Wer gut ist, kann den Körper heilen, weil er die Seele besser macht; die Bösen schaden sowohl dem Körper als auch der Seele.

Es kommt oft vor, dass die Bösen die Guten anziehen, um sie zu verderben, und die Guten ziehen die Bösen an, um sie zu verändern und gut zu machen, und so scheinen manchmal die Bösen zu gedeihen, während die Guten Opfer ihrer eigenen Tugenden sind.

Aber diejenigen, die sich vorstellen, dass Tiberius in Capri glücklicher war als Maria am Fuße des Kreuzes ihres Sohnes irren sich gewaltig … Und doch, welcher Freuden wurde Tiberius beraubt, welches Leid wurde Maria erspart?

Glückliche Mutter! Unglücklicher Kaiser! sagen wir. Honig wird zu Galle im Mund der Bösen, und Galle wird zu Honig im Mund der Gerechten. Der geopferte Unschuldige wird gerade durch seine Folterung vergöttert; der triumphierende Schuldige wird mit einem glühenden Eisen gebrandmarkt und durch seine Krone verbrannt.

Nähern wir uns nun den gefährlichen Ufern der Magie, die von Finsternis umgeben sind. Es geht um Gespräche mit der anderen Welt, um den Kontakt mit dem Unsichtbaren, kurz gesagt, um Theurgie und Geisterbeschwörung.

All das beweist uns, dass es – neben dem Menschen – noch andere intelligente Wesen gibt. Die Hierarchie der Geister muss ebenso unendlich sein wie die der Körper.

Die geheimnisvolle Jakobsleiter ist das biblische Symbol für diese auf- und absteigende Hierarchie.

Gott ruht auf dieser Leiter, oder besser gesagt, er stützt sie.

Man könnte sagen, dass diese Leiter in Ihm ist, oder besser noch, dass sie Er selbst ist, denn in der Eigenschaft als Gott und um Gott zu manifestieren, steigt und fällt die Unendlichkeit.

Bei jeder Sprosse ist der aufsteigende Geist dem absteigenden ebenbürtig und kann ihn an der Hand nehmen; er muss jedoch dem

Geist folgen, der ihm vorausgeht, der vor ihm aufsteigt. Dies ist ein Gesetz, über das diejenigen, die Beschwörungen durchführen, ernsthaft meditieren sollten.

Ewig aufzusteigen, unaufhörlich aufzusteigen, immer aufzusteigen, ist die Hoffnung der Auserwählten; ewig abzusteigen ist die Drohung, die über den Verdammten schwebt.

Die Menschen rufen die höheren Geister an, aber sie können nur die niederen beschwören. Bei der Invokation eines höheren Geistes wird dieser uns nach oben ziehen. Der niedere Geist, der der bei einer Evokation angerufen wird, zieht uns nach unten.

Invokation ist beten; Evokation ist ein Sakrileg, es sei denn, es handelt sich um eine Andacht, die aber immer sehr gefährlich ist.

Aber die leichtsinnigen Sterblichen, die sich in Evokationen stürzen, denken nicht daran, den Geist, den sie anrufen, dazu zu bringen, sich mit ihnen zu erheben; im Gegenteil, sie wollen sich auf ihn stützen, um aufzusteigen, und müssen notwendigerweise ihr Gleichgewicht verlieren, da sie sich auf etwas stützen, was hinabsteigt. Der Geist, der hinabsteigt, ist eine Last für diejenigen, die ihn erheben wollen, und er zieht notwendigerweise diejenigen herunter, die sich ihm hingeben!

Der Vernunft zu entsagen, um den Eingebungen eines Geistes zu folgen, bedeutet, in den Abgrund des Wahnsinns zu stürzen.

Die große Epoche der Theurgie war diejenige, die auf den Untergang der alten Götter folgte. Maximus von Ephesus rief sie vor Julian an, weil die Menschen aufgehört hatten, sie anzurufen; sie waren sogar unter die Vernunft des gemeinen Volkes gesunken; auch für Julian erschienen sie dünn, arm und hinfällig.

Julian, immer noch fasziniert von der Magie der Vergangenheit, wollte diese verkrüppelten Unsterblichen auf seinen Rücken nehmen – so wie Aeneas seinen Vater nahm, um ihn aus dem Gemetzel von Troja zu retten – aber der arrogante Philosoph fiel unter der Last seiner Götter.

„Wir können die Götter nicht sehen, ohne zu sterben“ ist eines der schrecklichsten Axiome der antiken Theurgie, denn die Götter sind Unsterbliche, und um sie zu sehen, müssen wir aus unserer Sphäre in ihre übergehen und in das immaterielle Leben eintreten, und wenn dies möglich ist, ohne durch den Tod zu gehen, kann es nur auf eine fiktive und imaginäre Weise geschehen, oder durch eine Illusion, die einem Traum ähnelt.

Wir müssen daher schlussfolgern, dass jede Erscheinung, die wir überleben, nur ein Traum sein kann, denn wenn die Vision einer anderen Welt real ist, dann deshalb, weil der Seher stirbt oder vielmehr schon tot ist, wenn er sie sieht.

Was wir gerade geschrieben haben, macht für materialistische Wissenschaftler, die nicht an ein anderes Leben glauben, sicherlich keinen Sinn; trotz aller Beweise sind sie dennoch gezwungen, das Phänomen des Magnetismus und Spiritismus zu leugnen; sie können also nicht ehrlich sein – die wahren Gelehrten sind diejenigen, die glauben.

Die Gefahr ist, zu glauben, ohne zu wissen; denn dann glaubt man an das Absurde, das heißt an das Unmögliche. Das alte Französisch hatte ein Wort für leichtsinnigen Glauben, es war das Verb „cuyder", von dem sich „outrecuidance" (Vermessenheit) ableitet, was lächerliches und anmaßendes Vertrauen bedeutet.

Die Theurgie ist ein Traum, der in einem Menschen, der glaubt, wach zu sein, zum schrecklichsten Realismus getrieben wird. Dies wird durch gleichzeitige Schwächung und Übererregung des Gehirns durch Fasten, Meditation und Wachen erreicht.

Die Askese ist der Vater der Albträume und der Schöpfer der deformiertesten und groteskesten Dämonen.

Paracelsus glaubte, dass echte „Larven" durch die nächtlichen Illusionen der Junggesellen erzeugt werden könnten.

Die Alten glaubten an die Existenz von „Daimones", einer Art schelmischer Geister, die die Atmosphäre bevölkerten.

Der heilige Paulus scheint ihre Existenz zuzugeben, wenn er von den Mächten der Lüfte spricht, gegen die wir zu kämpfen haben. Die Kabbalisten bevölkerten die vier Elemente mit ihren Sylphen, Undinen, Gnomen und Salamandern.

Jungfrauen im Mittelalter, die zur Hysterie neigten, pflegten „weiße Damen" zu sehen, die ihnen in der Nähe von Brunnen erschienen; damals nannte man diese Geister Feen; heutzutage, wenn sich dasselbe Phänomen wiederholt, sind die Menschen davon überzeugt, dass die Heilige Jungfrau sich der Erde gezeigt hat, und es werden Kirchen gegründet, Wallfahrten organisiert, die trotz des Glaubensrückgangs immer noch viel Geld einbringen.

Wir dürfen in Sachen Religion nicht darauf bestehen, die Menge zu früh aufzuklären. Es gibt Menschen, die würden aufhören, an Gott zu glauben, wenn sie nicht mehr an die Muttergottes von Lourdes glauben würden.

Überlassen wir den Trost der Träume denjenigen, die noch nicht wissen, wie sie das Heilmittel der Vernunft auf ihre Leiden anwenden sollen. Illusion ist besser als Verzweiflung; es ist besser, durch Missverständnis Gutes zu tun als durch die Schwäche einer rebellischen Vernunft und die Anämie des Gewissens Böses zu tun.

Als Moses die Bundeslade baute, machte er ein Zugeständnis an den Götzendienst der jüdischen Bevölkerung, und später waren die goldenen Kälber von Samaria nur Nachahmungen der „Cherubim" der Bundeslade. Diese „Cherubim" waren nun doppelköpfige Sphinxen. Es gab zwei Cherubim und vier Köpfe – einen von einem Kind, einen von einem Stier, einen von einem Löwen und einen von einem Adler; eine Reminiszenz an die ägyptischen Götter: Horus, Apis, Celurus und Hermomphta, Symbole der vier Elemente und Zeichen der vier Himmelsrichtungen.

Sie wurden auch als Embleme für die vier Kardinaltugenden – Besonnenheit, Mäßigung, Stärke und Gerechtigkeit – verwendet. Diese vier Hieroglyphenfiguren sind in der christlichen Symbolik erhalten geblieben: sie wurden zu den Insignien der vier Evangelisten gemacht.

Die katholische Kirche verurteilte die Bilderzerstörer – Ikonoklasten, obwohl sie genau wusste, dass Bilder nur Götzen sind und dass dieses Wort im Griechischen nichts anderes als Bild bedeutet. Nun, die Heiden glaubten genauso wenig, dass die Statue des Jupiter der Jupiter selbst ist, wie wir glauben, dass das Bild der Jungfrau die Jungfrau selbst ist. Sie glaubten – wie wir auch – an die mögliche Manifestation der Gottheit durch diese Bilder; sie hatten, wie wir, Statuen, die weinten, die Augen bewegten und bei Sonnenaufgang sangen.

Wir haben, wie sie, unsere Mythologie, und die „Goldene Legende" könnte eine Fortsetzung von Ovids Metamorphosen sein.

In der universellen Offenbarung wird nichts zerstört; alles wird transformiert und besteht weiter. Gott manifestiert sich und zeigt sich im menschlichen Genie durch sukzessive Annäherungen und progressive Veränderungen.

Gott ist immer das Ideal menschlicher Vollkommenheit, das mit dem Aufstieg des Menschen an Größe gewinnt. Gott hat nicht nur einmal gesprochen und dann den Rest der Zeit geschwiegen. Er spricht, ebenso wie er erschafft, immer.

Torquemada und Fénelon waren beide Christen und Katholiken; und doch ähnelt der Gott von Fénelon in nichts dem Gott von Torquemada. Der heilige Franz von Sales und Pater Garassus sprechen nicht auf dieselbe Weise von Gott, und der Katholizismus von Bischof Dupanloup ähnelt kaum dem von Louis Veuillot.

Die Protestanten haben alle Dinge angeglichen.

Sie haben alles geleugnet, was sie nicht verstehen konnten, und sie verstehen kaum, was sie behaupten. Aber die Offenbarung weicht nicht zurück, sie erschöpft sich nicht, sondern fügt im Gegenteil den geheimnisvollen Schätzen ihres Dogmas immer etwas hinzu. Die Rabbiner haben, um etwas Licht in die Unklarheiten der Bibel zu bringen, die Dunkelheit des Talmuds verdoppelt, und die christlichen Epochen haben – als Fortsetzung und Kommentar zu den unglaublichen Berichten der Evangelien – die unmöglichen Legenden aus dem Leben der Heiligen hinzugefügt.

Denjenigen, die die Unfehlbarkeit der Kirche leugnen, antworten wir mit der Unfehlbarkeit des Papstes. Man macht das Rätsel immer komplizierter, damit die Dummen es nicht erraten können. Nun, jedes Dogma ist ein philosophisches Rätsel.

Die Dreifaltigkeit – oder drei in einem – bedeutet Einheit.

Die Inkarnation – oder Gott erschuf den Menschen – bedeutet Menschlichkeit.

Die Erlösung – oder alle durch einen verloren und durch einen gerettet – zeigt unsere gegenseitige Abhängigkeit, die Solidarität der Rasse.

Einheit, Menschlichkeit, Solidarität, das wird die zukünftige Trilogie sein: friedliche Lösung des revolutionären Problems – Freiheit, Gleichheit, Brüderlichkeit.

In Wahrheit kann nur die soziale Einheit die Freiheit der Nationen garantieren, indem sie ein universelles Gesetz schafft. Nur vor der Menschheit, nicht vor der Natur, sind die Menschen gleich; und nur durch ihre gegenseitige Abhängigkeit oder Solidarität beweisen sie ihre Brüderlichkeit.

Aber wie viele Jahrhunderte müssen vergehen, bevor diese einfachen Wahrheiten verstanden werden! Der Katholizismus ist offizieller Okkultismus und basiert vollkommen auf Mysterien. Das Geheimnis der Heiligtümer wurde entweiht, aber nicht erklärt.

Ödipus dachte daran, die Sphinx zu töten, und die Pest kam über Theben. Die verfeindeten Brüder kämpfen weiter und töten sich gegenseitig.

Die großen Symbole der Vergangenheit sind die Prophezeiungen der Zukunft. Mysterien und Wunder, so muss die Religion der Massen sein, denen es wichtig ist, das, was sie nicht verstehen, lebhaft zu fühlen, damit sie sich führen lassen können.

Dies ist das Geheimnis der Heiligtümer und die Magier aller Zeiten haben es verstanden. Die Schwachen können nur unter der Aufsicht und Verantwortung der Starken zusammenbleiben; die Starken emanzipieren sich.

Wenn es keine Hirten gegeben hätte, hätte es auch keine Schafherden gegeben. Wären Hunde frei, d. h. wild, müssten sie wie Wölfe gejagt werden. In Wirklichkeit ist die Masse der Vulgären entweder Schaf oder Wolf. Allein die Knechtschaft rettet sie.

Das große Geheimnis der Freimaurerei ist nichts anderes als die Wissenschaft der Natur.

Dieses Geheimnis ist längst gelüftet, aber die Menschen schwören immer noch, dass sie es ewig bewahren werden und huldigen damit dem ewigen Prinzip des Okkultismus.

Die wahren Eingeweihten sind Hirten und Eroberer; sie sammeln die Herde und triumphieren über die Wölfe. Das war am Anfang die erhabene Mission der Kirche, aber in diesem Schafstall des Herrn wurden die Wölfe zu Hirten und die Herden liefen davon.

Die wahre Kirche muss eine sein und darf nicht in viele Sekten gespalten sein. Sie muss heilig sein und nicht heuchlerisch oder gierig. Sie muss universell sein und darf nicht auf einen privilegierten Kreis beschränkt sein, der den größten Teil der Menschheit zurückweist.

Mit einem Wort, sie muss an ein gemeinsames Zentrum gebunden sein, das in dieser römischen Welt Rom sein könnte, das aber ebenso wenig Rom ist wie Jerusalem.

„Der Geist geht, wohin er will“, sagt der Meister, „und wo der Körper ist, werden sich die Adler sammeln.“

Die katholische Kirche sollte das Mutterhaus aller Vergebung sein. Sie toleriert nicht nur, sie erteilt Absolution. Sie sollte den religiösen Hass exkommunizieren und sogar ihre verlorenen Kinder segnen. Durch den katholischen Glauben gehören alle aufrichtigen Gläubigen – egal, zu welcher Sekte sie sich bekennen – zur Seele der Kirche, vorausgesetzt, sie praktizieren die natürliche Moral und suchen die Wahrheit in der Aufrichtigkeit ihres Herzens.

Möge ein Papst erscheinen, der es wagt, diese tröstlichen Wahrheiten laut zu verkünden, und alle Völker der Erde einlädt, ein universales Erlassjahr zu feiern, und eine neue Ära wird sich für die christliche Religion eröffnen.

„Ehre sei Gott in allem, was groß ist, und Friede auf Erden den Menschen, die guten Willens sind!“ Mit diesem Ruf der universellen Liebe verkündete der Genius der Evangelien die Geburt des Erlösers der Welt in der Vergangenheit.

Die offizielle Kirche repräsentiert die okkulte Kirche, so wie in der Gesellschaft die Kasten die natürliche Hierarchie repräsentieren: die Priester, der Adel, das Volk, das sind die Menschen der Hingabe; diejenigen, die an Intelligenz überlegen sind, und diejenigen, die unterlegen sind.

Die wahren Priester der Menschheit sind die aufrichtigen Philanthropen; die wahren Könige sind die Männer des Geistes; die wahren Adligen sind die Männer der Intelligenz und der erhabenen Gefühle. Die Masse der Vulgären ist die zahllose Herde der willentlichen Ignoranten und Feiglinge.

Ein einfacher Soldat, der seiner Flagge treu ist, ist sicherlich größer als ein französischer Marschall, der sein Land verrät.

Ein ehrlicher Lumpensammler ist edler als ein lasterhafter Fürst. Bedeutende Männer aller Art sind aus dem Volk hervorgegangen; Könige und Königinnen wurden gesehen, wie sie sich im Sumpf suhlten. Jeder intelligente und tugendhafte Mensch muss es verdienen, zur höchsten Einweihung zugelassen zu werden; die Profanen sind entweder Narren oder Schurken.

Der Eingeweihte ist ein Mann ohne Partei; er wünscht sich nur Vereinigung, gegenseitige Nachsicht und Frieden.

Er hat keine Meinung, weil die Wahrheit keine Meinung ist; für ihn sind alle Feindseligkeiten Irrtümer und alle Hassgefühle sind Verbrechen.

Angesichts der Missbräuche der römischen Kirche ist der Protest ein Recht und daher eine Wahrheit; aber der Protestantismus ist eine Sekte und daher ein Irrtum.

Die Katholizität, d. h. die Universalität, ist das, was die wahre Religion auszeichnet; sie ist daher eine Wahrheit; der Katholizismus aber ist ein Teil, folglich eine falsche Sache. Wenn die Missbräuche aufgehört haben, wird der Protest keinen Grund mehr haben zu existieren, und wenn die Katholizität auf der ganzen Erde etabliert ist, wird es keinen Katholizismus mehr in Rom geben.

In der Zwischenzeit, da man ohne Religion nicht richtig leben kann, und da es ebenso unmöglich wie absurd ist, allein in einer Religion zu sein (das Wort "Religion" selbst steht für etwas, das die Menschen miteinander verbindet), kann und sollte jeder den Gewohnheiten und Bräuchen des Kultes folgen, in den er hineingeboren wurde.

Alle Religionen haben eine respektable Seite und eine fehlerhafte Seite. Lasst uns nicht weiterhin gegenseitig unsere Götzen zerstören, sondern lasst uns versuchen, die Menschen sanft vom Götzendienst wegzuführen.

Man muss lernen, in katholischen Kirchen den Lärm der Gottesdienste, die Hellebarde der Schweizer geduldig zu ertragen, ... man muss lernen, sich in protestantischen Tempeln mit Ernst und Respekt zu ermüden und in der Synagoge und der Moschee trotz der verschleierten Köpfe der Rabbis und der Verrenkungen der Derwische den Ernst zu bewahren. All dies muss seine Zeit haben.

Eine Religion vergeht, aber die Religion bleibt und besteht fort. Ein Mann stirbt, aber die Menschlichkeit stirbt nicht; eine Frau hört auf, geliebt zu werden oder zu lieben, aber die Frau verdient immer Respekt und Liebe. Eine Rose verwelkt zu schnell: aber die Rose ist eine unvergängliche Blume, die mit jedem neuen Frühling erblüht.

Nutzen wir die Religionen aus Liebe zur Religion; lieben wir die Männer aus Liebe zur Menschheit und die Frauen aus Liebe zu den Frauen. Lasst uns nach der Rose unter den Rosen suchen, und wir werden niemals Enttäuschung oder Verzweiflung finden.

Aber, weil wir Männer sind, dürfen wir die Kinder nicht zwingen, auch vorzeitig Männer zu werden.

Wir dürfen sie nicht schlagen, wenn sie hinfallen, oder sie schikanieren, wenn sie Dinge nicht verstehen, die über ihrem Alter liegen.

Wir dürfen ihnen ihren „Kasperl" oder ihre Puppen nicht wegnehmen; jetzt lieben sie sie, später werden sie sie kaputt machen: Mutter wird ihnen neue geben, und Vater wird nichts zu sagen haben. Die Heiligen Bücher aller Völker und aller Zeiten waren Sammlungen von Legenden; es sind Bücher und Bilder, die für die Unterweisung von Kindern gemacht wurden.

Es sind in der Regel Sammelwerke, die das gesamte Wissen und die höchsten Bestrebungen eines Volkes und einer Epoche zusammenfassen. Sie sind heilig, wie Denkmäler sein sollten, und verdienen Respekt, wie das Andenken der Vorfahren.

Sicherlich hat der göttliche Geist sie inspiriert, aber er inspirierte Menschen und nicht Götter.

Sie offenbaren Gott, wie der wachsende Baum den Samen offenbart, der in den Boden gelegt wurde, aus dem er hervorging, oder wie die schwellende Knospe die Blätter offenbart, die in ihr verborgen sind. Dieser doppelte Vergleich ist von Jesus Christus selbst entlehnt.

Wir haben gesagt, dass die Absurditäten des Dogmas rätselhaft sind; sie sind allerdings systematischer.

Die großen Eingeweihten der alten Welt haben ihre Symbole nie anders erklärt als durch noch obskurere Symbole. Gott will geweissagt (frz. deviné) werden, denn Wahrsagen (frz. divination) ist göttlich (frz. divine), wie das Wort hinreichend andeutet.

Das Rätsel der Sphinx ist die Prüfung aller Neophyten, und der dreiköpfige Hund wacht immer am Eingang zur Krypta der Mysterien.

In der Religion bedeutet Erklären profanieren, Verschleiern bedeutet offenbaren.

Wissenschaft und Religion sind wie Tag und Nacht. Wenn die Vernunft die Sonne ist, ist der Glaube der Mond. In Abwesenheit der Sonne ist der Mond der Herrscher über das Firmament. Vergessen wir jedoch nicht, dass er alle seine Strahlen von der Sonne borgt, und dass der wahre Glaube niemals absurd sein kann, egal wie absurd er auch erscheinen mag.

Hat nicht auch die Wissenschaft ihre Geheimnisse? Entkommen Sie, wenn Sie können, aus dem Labyrinth des Unendlichen. Gibt es wirklich unsichtbare Moleküle? Versuchen Sie, sich eine Substanz ohne Ausdehnung vorzustellen? Wenn dagegen die Materie unendlich teilbar ist, kann ein Staubkorn in der Unendlichkeit der Zeit, durch die Unendlichkeit der Anzahl seiner Teile, der Unendlichkeit des Raumes entsprechen.

Absurditäten auf allen Seiten! Konsultieren Sie Marphurius; er will erklären, dass die polychrone Entwicklung der analytischen Begriffe im Relativen dem Isochronismus des synthetischen Begriffs im Absoluten entspricht, und er schließt daraus, dass der Synkretismus des Abstrakten analog zum Synkretismus des Konkreten ist. — Cabricias arciturane!

Die Geheimnisse des Glaubens sind zum größten Teil den Geheimnissen der Wissenschaft entlehnt. Besteht zum Beispiel ein Lichtstrahl nicht aus drei Strahlen unterschiedlicher Farbe?

In seiner Dreifaltigkeit ist er blau, gelb und rot; in seiner Einheit ist er weiß. Diese Dreifaltigkeit ergibt sieben Farbschattierungen; hier haben wir die heilige Sieben. Das Licht bringt Formen hervor; es ist in Lebewesen inkarniert; es stirbt, um wieder zu leben, und erlöst jeden Morgen unsere Hemisphäre von der Sklaverei der Nacht. Dupuis schloss daraus, dass Jesus Christus die Sonne war. In der Tat eine schöne Entdeckung!

Das ist so, als würde man behaupten, dass eine Pappkarte der Welt wirklich das Universum ist.

Die Religion ist eine Kraft, die sich den Gottlosen entzieht und an der sie zerbrechen. Dem Kasperl wird es niemals gelingen, den Teufel zu töten, denn der Teufel ist die Karikatur Gottes und diese Karikatur gehört denen an, die sie erschaffen haben.

Sie bleibt in ihrem Gedächtnis, sie fasziniert sie und verfolgt sie. Wenn sich alle Blinden zusammentun könnten, um die Sehenden zu vernichten, würde es ihnen dann gelingen, die Sonne auszulöschen? Die Menge ist blind und töricht; die Weisen und Sehenden müssen sie führen.

Aber wenn diejenigen, deren Aufgabe es ist, die Blinden zu führen, ihrerseits blind werden; wenn die Wächter der Geisteskranken selbst geisteskrank werden, ist das Ergebnis Untergang und furchtbare Unordnung. Dies ist die Geschichte aller Revolutionen.

Die Anwendung roher Gewalt zur Unterdrückung von Unordnung provoziert unvermeidliche und schreckliche Reaktionen, wenn die Gewalt nicht auf Gerechtigkeit und Wahrheit beruht; denn dann wird sie tödlich und gleicht notwendigerweise Aktion mit Reaktion aus.

Krieg berechtigt zur Vergeltung, denn im Krieg, wie es ein großer deutscher Diplomat zynisch formulierte, „ist es die Gewalt, die Recht schafft“. In Wahrheit ist alle Willkür, ob sie von Königen oder vom Volk ausgeht, Krieg: die Autorität der Gesetze und das Reich der Gerechtigkeit ist Frieden.

Soziale Einheit ist das Ziel und der Zweck aller Zivilisation und transzendenten Politik, ein Ziel, nach dem seit der Zeit Nimrods alle großen Eroberer und tiefsinnigen Staatsmänner gestrebt haben.

Die Assyrer, die Meder, die Perser, die Griechen, die Römer, alle versuchten, die Welt zu absorbieren.

Bacchus, Herkules, Alexander, Cäsar, Peter der Große, Napoleon hatten keinen anderen Traum; die Päpste wollten ihn im Namen der Religion verwirklichen, und das war eine großartige Idee; aber heute stellt Deutschland dem enthusiastischen Ansturm des Glaubens die Mathematik entgegen und vergrößert sein Schachbrett von Tag zu Tag.

Der Kaiser – eine der beiden Säulen der Welt – steht nun wieder, aber er ist kein Römer mehr. Rom auf der einen Seite – und die ganze Welt auf der anderen – die Waage ist nicht mehr im Gleichgewicht; wir sollten unbedingt nach einem kosmopolitischen Papst fragen, da wir einen universalen Kaiser haben.

Die hohe Magie ist sowohl eine Religion als auch eine Wissenschaft. Sie allein bringt die Gegensätze in Einklang indem sie die Gesetze des Gleichgewichts und der Analogie erklärt; sie allein kann unfehlbare Päpste und absolute Monarchen schaffen.

Priesterliche Kunst ist auch königliche Kunst, und Graf Joseph de Maistre irrte sich nicht, als er aus Verzweiflung über erloschene Glaubensvorstellungen und geschwächte Kräfte seine Augen wider Willen auf die Heiligtümer des Okkultismus richtete. Die Erlösung wird von dort kommen, und sie wird den aufmerksamen Geistern bereits offenbart.

Die Freimaurerei, die den römischen Hof so in Angst und Schrecken versetzte, ist nicht so schrecklich, wie man meinen könnte; sie hat ihren alten Glanz verloren, aber sie hat ihre Symbole und Riten bewahrt, die zur okkulten Philosophie gehören. Sie verleiht weiterhin die Titel und Bänder der Rosenkreuzer; aber die wirklichen Rosenkreuzer sind nicht mehr in ihren Logen; sie sind wieder das geworden, was sie ursprünglich waren – unbekannte Philosophen.

Martinez de Pasqually und Saint-Martin hatten Nachfolger, die sich nicht in regelmäßigen Versammlungen trafen. Es wird gesagt, dass sich ihre Loge in der großen Pyramide von Ägypten befindet – ein allegorischer und mystischer Ausdruck, den die Naiven und Unwissenden ruhig wörtlich nehmen dürfen.

Es gibt eine Sache, die zweifellos unfehlbarer ist als der Papst, und das ist die Mathematik.

Rigoros bewiesene Wahrheiten zwingen den Verstand zu Annahmen, die wir uns erlauben, notwendige Hypothesen zu nennen.

Diese Hypothesen – wenn ich so sagen darf – sind die wissenschaftlichen Gegenstände des Glaubens.

Aber die Vorstellungskraft, überhöht durch das unendliche Bedürfnis zu glauben und zu lieben, zieht ständig paradoxe Folgerungen aus diesem rationalen Ziel. Um den mystischen Fantasien und der Zügellosigkeit Einhalt zu gebieten, ist es notwendig, eine

Autorität zu haben, die einerseits die Vernunft und andererseits die Mystik berührt; diese Autorität, dogmatisch unfehlbar, braucht nicht wissenschaftlich unfehlbar zu sein, noch könnte sie es sein.

Wissenschaft und Glaube sind die beiden Säulen des Tempels, die den Portikus tragen. Wenn sie beide auf der gleichen Seite stünden, würde das Gebäude auf die andere Seite fallen.

Es ist ihre Trennung und Parallelität, die das Gleichgewicht ewig aufrechterhalten soll.

Das Verstehen dieses Prinzips würde ein Missverständnis beenden, das schon zu lange andauert, und würde vielen Seelen Frieden bringen. In Wahrheit kann es keinen wirklichen Antagonismus zwischen Wissenschaft und Glauben geben. Alles, was bewiesen wurde, wird unanfechtbar, und es ist unmöglich, weiterhin an etwas zu glauben, von dem man weiß, dass es falsch ist.

Galilei wusste, dass sich die Erde dreht; aber er wusste auch, dass die Autorität der Kirche unanfechtbar ist, weil die Kirche notwendig ist.

Die Kirche hat keine Autorität in Fragen der Wissenschaft, aber sie kann sich mit all ihrer Macht der Ausbreitung spezieller wissenschaftlicher Wahrheiten widersetzen, die sie zum gegebenen Zeitpunkt als schädlich für den Glauben erachten mag.

Zu Galileis Zeiten glaubte man allgemein, dass die Popularisierung des Systems von Kopernikus die Bibel widerlegen würde; später war man gezwungen, dieses System zuzulassen, weil seine Richtigkeit bewiesen war, und musste natürlich einen Weg finden, die beiden Ansichten miteinander zu versöhnen. Die Erde dreht sich – das ist die Tatsache – aber die Kirche ist unfehlbar, auch wenn sie erklärt, dass nicht mehr sie, sondern unser Heiliger Vater, der Papst, unfehlbar ist.

Das ist nicht ironisch gesagt; der Papst ist unfehlbar, weil es für ihn notwendig ist, es zu sein, und er ist wirklich unfehlbar für alle, die ihm glauben, denn seine Unfehlbarkeit erstreckt sich nur auf Fragen des Glaubens.

Das Werk der Wissenschaft besteht darin, den Glauben vom Buchstaben zu lösen und ihn an den Geist zu binden; wenn die Wissenschaft sich erhebt, wird der Glaube erhöht.

Das ewige Evangelium ist wie die Wolke, die die Juden durch die Wüste führte; sie hat eine dunkle und eine helle Seite; die dunkle Seite ist die ihres Geheimnisses, die helle Seite die ihrer Vernunft.

Der Schatten legt sich über die Buchstaben, das Licht geht vom Geist aus.

Es gibt das Evangelium des Glaubens und das Evangelium der Wissenschaft. Außerdem macht die Wissenschaft den Glauben unangreifbar; wer zweifelt, weiß nicht.

Unwissender Glaube hält sich nur durch Hartnäckigkeit, und Hartnäckigkeit in Unwissenheit ist nur Fanatismus.

Wer ohne Wissen, aber ohne Fanatismus glaubt, wird bald zu zweifeln beginnen, und das Ergebnis dieses Zweifels kann nur Wissen oder Gleichgültigkeit sein.

Wir müssen lernen, oder aufhören zu glauben. Aufhören zu glauben ist einfacher, aber für Blade bedeutet aufhören zu glauben, aufhören zu lieben, und aufhören zu lieben, bedeutet aufhören zu leben.

Die Fanatiker sind krank, aber sie leben. Die Gleichgültigen sind tot.

Blinde Überzeugungen verbessern die Menschheit nicht; sie mögen sie mit Angst beschränken oder mit Hoffnung anregen, aber weder Angst noch Hoffnung sind Tugenden.

Ein Hund mag seinen Appetit aus Angst vor der Peitsche zügeln, aber er ist immer noch gierig; er fügt der Gier nur Feigheit hinzu. So ist es auch bei uns: um an eine gute Absicht zu glauben, muss man wissen.

Es ist gesagt worden, dass ein wenig Wissenschaft von Gott entfernt und viel Wissenschaft zu ihm zurückführt; diese Aussage muss dadurch erklärt werden, dass die Grundlagen der Wissenschaft und der Philosophie damit beginnen, den Menschen vom Gott der Törichten zu entfernen, während viel Wissenschaft und Philosophie ihn zum Gott der Weisen bringen.

Der Magier braucht seinen Glauben und Gott nicht auszudrücken; er spürt in sich die höchste Macht des wahren Gottes, der ihn belebt, unterstützt, stärkt und tröstet. Wozu müssen wir das Licht definieren, wenn wir es sehen können? Was nützt es uns, das Leben zu beweisen, wenn wir am Leben sind? Als der heilige Paulus bekehrt wurde, sagt die Apostelgeschichte, fühlte er sich, als ob ihm Schuppen von den Augen gefallen wären.

Die Schuppen, die die Augen unserer Seele bedecken, sind die eitlen Anmaßungen einer leichtsinnigen Theologie und die ungesunden Sophismen einer falschen Philosophie.

Die Eingeweihten sind die Seher, und für das Denken ist Sehen Wissen, Wissen ist Wollen, Wollen ist Wagnis; aber um erfolgreich zu wagen, müssen wir bereit und fähig sein, zu schweigen.

„Seien Sie nie eifrig", sagte Talleyrand, und derselbe Diplomat bestätigte, dass das Wort dem Menschen gegeben wurde, um seine Gedanken zu verschleiern. Diese politische Komödie ist nicht nach unserem Geschmack; wir sagen nicht „verkleiden", wir sagen keusch bedecken und verhüllen diese Jungfrau, die wir Gedanke nennen, denn unser Gedanke ist nicht mehr ein Gedanke der Falschheit und des Eigennutzes; der Schleier des Heiligtums ist nicht wie der Vorhang eines Theaters; er reißt manchmal, aber er hebt sich nie.

Der Eingeweihte vermeidet sorgfältig alle Exzentrizität; er denkt wie die Erleuchteten und spricht wie die Menge. Wenn er die Nebenstraßen erkundet, dann nur, um die Hauptstraße sicherer und schneller zu erreichen.

Er weiß, dass wahre Gedanken wie fließendes Wasser sind. Die der Vergangenheit fließen in die Gegenwart und laufen in die Zukunft, ohne dass man zu ihrem Ursprung zurückgehen muss, um sie zu treffen. Der Eingeweihte lässt sich ruhig in der Strömung treiben, aber er steht immer in der Mitte, damit er nicht riskiert, sich an den Felsen zu stoßen, die die Ufer säumen.

Lassen Sie uns nun diese unveränderlichen Prinzipien zusammenfassen und verdeutlichen, die sowohl als Grundlage als auch als Krönung all dessen dienen werden, was wir gerade geschrieben haben.

Die unveränderlichen Prinzipien

I

Der Mensch hat zwei Möglichkeiten, Gewissheit zu erlangen – die Mathematik und den gesunden Menschenverstand.

II

Es mag Wahrheiten geben, die über den gesunden Menschenverstand hinausgehen, es gibt keine, die der Mathematik widersprechen.

III

"Wer außerhalb der reinen Mathematik das Wort unmöglich ausspricht, dem fehlt die Klugheit" (Arago), was bedeutet, dass es außerhalb der reinen Mathematik keine vollständige, universelle und absolute Gewissheit gibt.

IV

Außerhalb der vollständigen, universellen und absoluten Gewissheit gibt es nur Überzeugungen und Meinungen.

V

Überzeugungen und Meinungen können nicht bewiesen werden; der Mensch wählt sie als Geschmackssache oder akzeptiert sie als Grundsatzfrage.

VI

Hilfreiche Meinungen sollten gefördert und gefährliche oder schädliche unterdrückt werden. Dies erklärt den notwendigen Kampf zwischen Konservativen und Innovatoren. Nur die Konservativen werden zu Verfolgern, wenn sie glauben, oder vorgeben zu glauben, dass das, was nur offensichtlich nützlich ist, gefährlich ist.

VII

Die reine Mathematik existiert aus sich heraus; kein Wille erzeugt sie, keine Macht begrenzt sie. Sie ist das ewige Gesetz, das kein Mensch brechen kann und aus dem es unmöglich ist, zu entkommen.

VIII

Eine Sache kann absurd erscheinen und dennoch wahr sein, wenn sie außerhalb des gesunden Menschenverstandes liegt. Aber eine Sache, die den Gesetzen der Mathematik widerspricht, ist wirklich und absolut absurd; wer an eine solche Absurdität glaubt, ist daher ein Narr.

IX

Das Zeichen des Kreuzes, das der Schnittpunkt zweier Linien ist, die sich gegenseitig im Gleichgewicht halten, wurde schon immer als göttliches Symbol betrachtet. Es ist das Tau der alten Hebräer, das Chi (x) der Griechen und Christen; in der Mathematik steht + für die Unendlichkeit und x für das Unbekannte; + bedeutet mehr und Unendlichkeit ist immer mehr.

Entwickeln Sie die Wissenschaft weiter, so viel Sie wollen, markieren Sie ihren ersten Schritt mit Alpha und den letzten mit Omega, und Sie werden trotzdem immer das Unbekannte vor sich haben, das Unbekannte, das Sie entdecken müssen, und Ihre Formel bleibt: **Ω + X**. Alles, was wir lernen, ist um dieses Unbekannte gewickelt, das nie ganz entrollt wird; es ist das, was alle Dinge hervorbringt; ohne zu wissen, was es ist, personifizieren wir es und nennen es Gott.

Es gab eine Zeit, in der diese Personifikation auf der Erde realisiert wurde. Aber der Gottmensch starb am Kreuz, also am ewigen X, und für uns bleibt nur das Kreuz.

X

Die hypothetische Personifikation des Unendlichen kann nur unendlich sein und schließt zwangsläufig eine individuelle Einheit aus. Jede Individualität wird notwendigerweise durch eine andere begrenzt, es sei denn, sie verdrängt alle. Gott hingegen, der das

Prinzip aller Individualitäten ist, kann kein Individuum sein. Aus diesem Grund wird gesagt, dass er eine Person in mehreren Personen ist. Drei ist eine mystische Zahl, die die Erzeugung aller Zahlen darstellt.

XI

Gott spricht nie zu Menschen, außer durch Menschen. Er tut auch nichts in der Natur, außer durch die Naturgesetze.

XII

Das Übernatürliche ist das, was jenseits unserer natürlichen Intelligenz und unseres Wissens über die Gesetze der Natur liegt.

XIII

Gott selbst sollte von Theologen nicht als übernatürlich angesehen werden, da sie über die Natur Gottes nachdenken.

XIV

Die Väter des Konzils von Nizäa hatten Gott Substanz gegeben, indem sie feststellten, dass der Sohn von derselben Substanz ist wie der Vater. Wenn es außerdem unmöglich wäre, ohne Verwechslung eine endliche und eine unendliche Substanz zuzulassen, könnten die Beschlüsse des Konzils von Nizäa Argumente für Pantheisten und sogar Materialisten liefern.

XV

Wenn Gott, wie der Katholizismus sagt, uns erschaffen hat, um ihn zu kennen, zu lieben und ihm zu dienen und durch diese Mittel das ewige Leben zu erlangen, und wenn wir, wie Jesus Christus sagte, das, was wir unserem Nächsten tun, auch Gott antun, so folgt daraus, dass Gott die Menschen erschaffen hat, um ihre Mitmenschen zu kennen, zu lieben und ihnen zu dienen und durch diese Mittel das ewige Leben zu erlangen.

Die wahre Anbetung Gottes muss daher Philanthropie sein; und jede Religion, die Philanthropie nicht inspiriert, fördert und vervollkommnet, muss eine falsche Religion sein.

XVI

Eine Religion, deren Lehre die Verdammnis und ewige Bestrafung der Mehrheit der Menschen, einiger weniger oder auch nur eines Menschen bedeuten würde, inspiriert nicht zur Philanthropie.

Das gilt nicht für die katholische Lehre, die die Verdammnis nur als Drohung benutzt und die in Wirklichkeit das Heil ist, das allen Menschen angeboten wird.

„Wer nicht liebt, bleibt im Tod“, sagt der heilige Johannes, und diejenigen, die die Philanthropie ablehnen, sind diejenigen, die nicht lieben wollen.

XVII

Wäre Gott, wie lächerlicherweise angenommen wird, eine allmächtige Persönlichkeit, die es für notwendig erachtete, durch bestimmte besondere Zeremonien geehrt zu werden, so hätte er diese Zeremonien auf eine offensichtliche und unzweifelhafte Weise allen Menschen offenbart, und es würde dann nur eine Form der religiösen Verehrung auf der Erde geben.

Aber das ist nicht der Fall; was Er allen offenbart hat, ist die Notwendigkeit und Pflicht der Liebe. Die Philanthropie ist also die wahre und einzige wahrhaft katholische, d. h. universelle Religion.

XVIII

Jedes Wort des Segens und der Liebe ist das Wort Gottes; jedes Wort des Hasses und des Fluches ist der Schrei der menschlichen Bosheit, die die Menschen unter dem Namen des Teufels personifiziert haben.

XIX

Ein Akt der Philanthropie – selbst der unvollkommenste – ist religiöser und verdienstvoller als alle Fasten, Gebete und Kniebeugungen.

XX

Die Anziehungskraft, die die Geschlechter zueinander treibt, ist keine Philanthropie; sie ist im Gegenteil oft der brutalste Egoismus.

XXI

Diese Anziehung verdient den Namen Liebe nur, wenn sie durch Gefühle der Selbstverleugnung und Aufopferung geheiligt wird.

XXII

Der Mann, der eine Frau tötet, weil sie ihn nicht mehr liebt, ist ein Feigling und ein Mörder, was jedoch keinen Ehebruch rechtfertigt. Aber alles, was zu diesem Thema gesagt werden kann, ist von Jesus Christus gesagt worden.

XXIII

Das Gesetz muss immer rigoros sein, die Justiz nachsichtig.

XXIV

Der Kleine leidet für den Großen, aber der Große muss auch für den Kleinen einstehen. Die Reichen werden die Schulden der Armen bezahlen.

XXV

Die besten Dinge werden, wenn sie korrumpiert werden, schädlicher als die schlechten. Was ist ehrwürdiger als das Priestertum; und doch, was ist verachtenswerter als ein schlechter Priester?

Die Pflichten des Priestertums sind so erhaben und stehen soweit über der menschlichen Natur, dass jeder Priester, der nicht ein Heiliger ist, böse ist.

Dies erklärt die Diskreditierung des Priesteramtes in Zeiten, in denen das religiöse Gefühl schwach ist. Die Evangelien erzählen uns, dass Christus einen guten Dieb traf, aber nirgends steht, dass er einen guten Priester fand.

XXVI

Der gute Priester ist die fleischgewordene Selbstaufopferung; er ist die auf ein göttliches Ideal gebrachte Philanthropie; der schlechte Priester, der kein Heiliger ist, ist schlecht.

XXVII

Alles, was Gutes tut, ist gut; alles, was Schlechtes tut, ist schlecht.

XXVIII

Alles, was uns Vergnügen bereitet, erscheint uns gut, und alles, was uns behindert oder betrübt, erscheint uns schlecht. Aber wir täuschen uns oft selbst, und diese Fehler sind die mildernden Umstände der Sünde.

XXIX

Das Böse hat keine reale Existenz, oder besser gesagt, das Böse existiert nicht in einer absoluten Weise. Was nicht sein soll, ist nicht: das ist sicher und unbestreitbar.

XXX

Es ist unmöglich, das Böse um seiner selbst willen zu lieben, wenn man weiß, was es ist und ohne dass es irgendeinen Anschein des Guten hat.

Was wir als das Böse bezeichnen, existiert als der für die Manifestation des Lichts notwendige Schatten. Metaphysisches Übel ist Irrtum; physisches Übel ist Leiden; aber Irrtum ist entschuldbar, wenn er unfreiwillig ist. Wenn wir genau wissen, dass wir uns irren, und in unserem Irrtum verharren, täuschen wir nicht mehr uns selbst, sondern versuchen, andere zu täuschen.

Was das körperliche Leiden betrifft, so ist es ein Bewahrer gegen die Missbräuche der Vergnügungen und zugleich ein Heilmittel gegen sie.

Es übt die Geduld der Weisen, ermahnt die Nachlässigen und züchtigt die Bösen. Es ist also mehr gut als schlecht.

XXXI

Die Unordnung in der Natur ist nie mehr als scheinbar, und alle Wunder, die gegen diese Tatsache angeführt werden, sind entweder Ausnahmeerscheinungen oder Gauklertricks.

XXXII

Wenn Sie ein Phänomen sehen, das scheinbar im Widerspruch zu den von der Mathematik nachgewiesenen Gesetzen steht, seien Sie sicher, dass Sie entweder falsch beobachtet haben oder getäuscht wurden, es sei denn, Sie haben Halluzinationen.

XXXIII

Die Wahrheit braucht keine Wunder, und kein Wunder kann eine Unwahrheit beweisen.

XXXIV

Die allgemeinen Naturgesetze sind der Wissenschaft bekannt, aber weder die Kräfte noch alle Wirkungen sind bisher bekannt. Man hat einen Einblick in den tierischen Magnetismus erhalten, der sicherlich existiert; aber die Wissenschaft behandelt ihn als ein Problem, das sie noch nicht zu lösen versucht hat.

XXXV

Manche Menschen sind überrascht, dass Phänomene nie in der Gegenwart von Wissenschaftlern auftreten. Das liegt einfach daran, dass es nur wenige Wissenschaftler gibt, wenn überhaupt, die den Mut hätten, ein Phänomen zu bezeugen, das sie für unerklärlich halten.

XXXVI

Das Licht, das wir sehen, ist nur ein winziger Teil des unendlichen Lichts.

Es sind diese wenigen Strahlen der Sonne, die mit unserem Sehorgan in Verbindung stehen. Unsere Sonne selbst ist nur eine Lampe, die an unsere abgestumpften Sinne angepasst ist; sie ist nur ein heller Fleck im Raum, der für die Augen unseres Körpers Dunkelheit wäre, und der für die Intuition unserer Seele strahlend ist.

XXXVII

Das Wort Magnetismus drückt die Wirkung und nicht die Natur des großen universellen Agens aus, das zwischen Denken und

Leben vermittelt. Dieses Agens ist das unendliche Licht, oder vielmehr – denn das Licht ist an sich nur eine Erscheinung – ist es der Lichtträger, der große Luzifer der Natur, der Vermittler zwischen Materie und Geist, den die Unwissenden und Hochstapler den Teufel nennen, und der das erste Geschöpf Gottes ist.

XXXVIII

Was könnte absurder und pietätloser sein, als dem Teufel, also dem personifizierten Bösen, den Namen Luzifer zu geben, was Lichtträger bedeutet? Der intellektuelle Luzifer ist der Geist der Intelligenz und der Liebe; er ist der Paraklet, der Heilige Geist, und der physische Luzifer ist das große Agens des universellen Magnetismus.

XXXIX

Das Böse zu personifizieren und es zu einer rivalisierenden Intelligenz zu Gott zu machen, die weiterhin begreifen und nicht mehr lieben kann, ist eine ungeheuerliche Fiktion. Zu glauben, dass Gott es zulässt, dass diese böse Intelligenz seine schwachen Geschöpfe, die an sich schon schwach sind, täuscht und zerstört, bedeutet, Gott zu einem noch schlechteren Charakter als den Teufel zu machen.

Denn indem Gott dem Teufel die Möglichkeit der Reue und der Liebe nimmt, zwingt er sich selbst, Böses zu tun. Außerdem kann ein Geist des Irrtums und der Falschheit nur ein denkender Wahnsinn sein und verdient nicht einmal den Namen eines Geistes. Der Teufel ist das Gegenteil von Gott; wenn Gott sich also so definiert: Ich bin der, der ist, muss der Teufel zu sich selbst sagen: Ich bin der, der nicht ist.

XL

Wir müssen den Geist der Dogmen suchen, während wir die Integrität ihrer Worte akzeptieren, wie die priesterliche Sphinx sie uns überliefert hat. Diese Worte sind offensichtlich absurd, sodass wir darüber hinaus schauen sollten. Es ist sicher, dass man, um zu handeln, zuerst sein muss, dass man, um zu sündigen, ein Gewissen haben muss, und dass man folglich nicht schuldig geboren werden kann. Man kann auch nicht etwas aus dem Nichts machen, noch kann Gott ein Mensch sein, ebenso wenig wie ein Mensch Gott sein kann; Gott kann nicht leiden oder sterben, und die Frau, die ein Kind gebiert, kann keine Jungfrau sein, usw. usw. Niemand kann also ernsthaft das Gegenteil dieser so offensichtlichen Wahrheiten behaupten, ohne uns zu warnen, dass es hier ein Mysterium gibt, d. h. eine verborgene Bedeutung, die extrahiert und verstanden werden muss, auf die Gefahr hin, entweder ein Ungläubiger oder ein Narr zu werden.

XLI

Was die sogenannten Atheisten entschuldigt, ist die beklagenswerte Vorstellung, die die Masse von Gott hat. Die Menschen haben ihn mit all ihren eigenen Lastern ausgestattet und haben sich eingebildet, ihn groß zu machen, indem sie diese Laster zu paradoxen Proportionen übertrieben haben.

Zum Beispiel: Stolz. Gottes Ziel ist nur seine eigene Herrlichkeit. Er sucht diesen Ruhm in der Entwürdigung seiner Rivalen – als ob er welche haben könnte! Er quält ewig seine elenden Geschöpfe – um seiner Herrlichkeit willen; er tötete seinen eigenen Sohn – immer noch für seine Herrlichkeit!

Gier. Als absoluter Herr über alles Gute schenkt er der Mehrheit seiner Kinder nur Elend und verteilt seine Gunst an die wenigsten, aber nur langsam und sparsam.

Neid. Er ist der eifersüchtige Gott. Sie verbietet die Freiheit; sie führt Vernunft und Weisheit in die Irre und begünstigt Unwissenheit und Idiotie.

Habgier. Er gibt sich nie mit dem Fleisch seiner Opfer zufrieden; unter dem alten Gesetz verlangte er Brandopfer von Stieren; unter dem neuen Gesetz atmet er den Geruch von menschlichen Opfern ein, die in den Autodafés brennen.

Lüsternheit. Er braucht Jungfrauen – wie der Minotaurus. Er hat sein Serail, in dem amouröse Jungfrauen schmachten und Mönche von obszönen Albträumen gequält werden. Er hat den Zölibat erfunden, um Geister zu schaffen, unanständiger als alle römischen Orgien und alle abnormen Träume.

Zorn. Das Hauptthema der heiligen Bücher und der Predigtsammlung ist der große Zorn Gottes. Der Zorn entfesselt die Pest, und in seiner unerbittlichen Wut gräbt er eine Hölle für alle Ewigkeit. Faulheit. Nach einer Ewigkeit der Ruhe arbeitet er sechs Tage lang. Diese Arbeit bestand darin, jeden Tag einen Befehl zu geben, und nachdem er diese sechs Befehle gegeben hatte, verspürte er das Bedürfnis zu ruhen. Wie falsch lag Johannes, als er, nachdem er das Böse in Form eines siebenköpfigen Ungeheuers dargestellt hatte, erzählte, dass die Menschen sich vor dieser Bestie niederwarfen und sie anbeteten.

Johannes fügt hinzu, dass die Antichristen das Bild dieses Tieres beleben, es zum Sprechen bringen müssen, und dass die Welt sich vor diesem lebendigen Simulakrum menschlicher Torheit verneigen wird. Hüten wir uns davor zu denken, dass dies jemals in der Person eines katholischen Hohepriesters verwirklicht werden könnte; wir sprechen hier zweifellos von einem Anti-Papst oder vielleicht dem Großen Lama von Tibet.

XLII

Der heilige Vinzenz von Lerins sagt, dass zum wahrhaft katholischen oder universalen Dogma allein das gehört, was zu allen Zeiten, an allen Orten und von allen Menschen anerkannt wurde. Dies würde die Symbolik wunderbar vereinfachen und das Feld der Kirche ungeheuer erweitern.

XLIII

Es ist üblich, denen, die die Lehren der Theologen kritisieren, zu antworten: Bist du von stärkerem Geist als der heilige Augustinus? Hast du mehr Genie als Bossuet oder mehr Intelligenz als Fénelon? Diese Fragen sind sehr lächerlich, wenn es sich um eine Angelegenheit des gesunden Menschenverstandes handelt. Ich bin gewiss weniger bewandert in der Mathematik als Pascal, und doch, wenn ich in der Zeit dieses großen Mannes gelebt hätte und ihn hätte sagen hören oder zugelassen hätte, dass vor mir gesagt wird, dass zwei und zwei fünf ergeben, hätte ich seine große Autorität als nichtig betrachtet und hätte weiterhin geglaubt – oder vielmehr gewusst – dass zwei und zwei vier ergeben.

XLIV

Die großen Gelehrten, die geschwiegen haben, wie auch diejenigen, die in gewisser Weise gesprochen haben, hatten sicherlich ihre Gründe für ihr Schweigen oder für ihr Sprechen. Hohe Wahrheiten sind nicht für niedere Seelen gemacht; es muss Märchen, wie für Kinder, und Drohungen für Feiglinge geben; es muss Absurditäten für Wahnsinn und Mysterien für Leichtgläubigkeit geben. Wir können die Sonne nur durch ein geschwärztes Glas betrachten; wenn wir sie direkt anschauen wollten, würde sie uns schwarz erscheinen und uns blenden. Gott ist für uns wie eine Sonne; wir müssen mit gesenkten Augen in seinem Licht wandeln; wenn wir versuchen würden, ihm ins Gesicht zu schauen, würde unsere Sehkraft versagen. Die gefährlichste und traurigste Wissenschaft ist die Theologie, weil sie fälschlicherweise behauptet, eine Wissenschaft Gottes zu sein, während sie vielmehr eine Wissenschaft ist, die aus der Torheit des Menschen geboren wurde, wenn sie das unergründliche Geheimnis der Gottheit zu erklären sucht.

XLV

Das Licht Gottes leuchtet in jedem von uns; es ist unser Gewissen. Das Gute zu tun, wozu es uns auffordert, und das Böse zu meiden, wovor es uns warnt, das sind unsere Pflichten gegenüber Gott.

XLVI

Gott sät die Idee im Unendlichen, und die Strahlen der Sonnen gebären den Keim der Planeten.

Die Tiere sind, wie die Bäume, aus der Erde hervorgegangen, aber ebenso wenig wie diese sind sie voll ausgebildet und in voller Größe geboren worden; die Arten haben ihre Embryonalzeiten, ebenso wie die Individuen jeder Art.

Sich vorzustellen, dass Gott zuerst eine Tonstatue geformt hat und dann darauf gepustet hat, um einen Menschen zu machen, ist ein Märchen, das dem ähnelt, was kleinen Mädchen über Babys erzählt wird, die unter einer Kohlpflanze gefunden werden.

Würde Gott verleugnet oder herabgesetzt, wenn wir aufhörten, ihn als Statue zu betrachten?

Es ist die Natur, die alle Dinge allmählich und nach und nach erschafft, wobei sie immer durch die ausgewogenen Funktionen der der Substanz innewohnenden Kräfte wirkt; aber es ist das göttliche Wort, das diese Kräfte zum Ideal der Form hinführt.

Die Natur führt aus, sie erfindet nicht.

Die Gedanken, die sich auf die Materie beziehen, kommen nur von der Materie, obwohl die Materie nicht denkt.

Von der Entwicklung der ersten lebenden Zelle bis zur Vollkommenheit der menschlichen Gestalt sagte Gott zu allen Kräften der Natur: „Lasst uns einen Menschen machen", und sein „Fiat" dauerte Millionen von Jahren, die vor ihm nur ein Augenblick waren.

Die Genesis ist nicht die Naturgeschichte des Menschen, sie ist der Prolog zu seinem religiösen Epos.

Das primitive Paar ist die menschliche Einheit, die in der ersten Familie der Gläubigen etabliert wurde.

Als Gott den Atem der Unsterblichkeit über das Gesicht des Menschen blies, hatte der Mensch bereits ein Gesicht. Was war er dann anderes als eine Art anthropoides Tier?

Es ist wahr, dass der Mensch nicht vom Affen abstammt; aber es kann sein, dass der Affe und der Mensch von demselben primitiven Tier abstammen.

Darwins Theorie widerspricht der Bibel nicht; sie gibt ihr den Charakter eines symbolischen Löwen zurück, der ausschließlich religiös ist; die große Schöpfungswoche ist eine Reihe von „geologischen" Epochen, und es wird gesagt, dass Gott ruhte, als der Mensch zu verstehen begann, dass das Universum von selbst funktioniert.

XLVII

Das Übernatürliche ist das ewige Paradoxon des unbegrenzten Verlangens. Der Mensch strebt danach, sich Gott anzugleichen, und er tut dies durch die katholische Kommunion.

Vom rationalistischen Standpunkt aus beurteilt und auf rein natürliche Weise betrachtet, ist diese Gemeinschaft eine kolossale Extravaganz.

Nach dem katholischen Abendmahl verzehrt man den Geist eines Gottes und den Körper eines Menschen! Einen Geist zu essen und noch dazu einen unendlichen Geist! Was für ein Wahnsinn!

Den Körper eines Menschen zu essen!

Was für eine Abscheulichkeit!

Theophagie und Anthropophagie!

Was für Ansprüche auf Unsterblichkeit!

Und doch, was kann schöner, tröstender, wahrhaft göttlicher sein als die katholische Kommunion?

Das religiöse Bedürfnis, das dem Menschen angeboren ist, wird nie vollständiger befriedigt werden, und wie sehr spüren wir, dass es wahr ist, wenn wir es glauben. Bis zu einem gewissen Grad glaubt der Glaube, was er erfindet und behauptet; die Hoffnung auf das Übermenschliche täuscht nie, und die Liebe zum Göttlichen kennt keine Täuschung.

Die Erstkommunion ist die Krönung des menschlichen Königtums, sie ist der Beginn der ernsten Seite des Lebens, sie ist die Apotheose und Verklärung der Kindheit, sie ist die reinste aller Freuden und das wahrhaftigste aller Glücksgefühle.

XLVIII

Es gibt also etwas zu erklären, etwas, das über der Natur und der Vernunft steht, um die höchsten Ansprüche beider zu rechtfertigen und zu befriedigen.

Unter diesem Gesichtspunkt erscheint das Übernatürliche natürlich, und die paradoxe Formel der notwendigen Hypothesen wird vollkommen vernünftig. Es ist der menschliche Geist, der das Unmögliche erschafft, um das Unendliche zu erreichen.

XLIX

Nach den Kirchenvätern war das alte Gesetz nur das Bild, der Schatten des neuen Gesetzes.

Die erstaunlichen Geschichten der Bibel sind nur Bilder (sie sagen nicht Allegorien, das Wort wäre gefährlich gewesen), Bilder des neuen Dogmas, das von Jesus Christus eingeweiht wurde, und die Grundlage dieses Dogmas ist, dass Gott persönlich mit der Menschheit verbunden ist; dass wir Gott im Menschen lieben und ihm dienen müssen, mit einem Wort: einander lieben, was das ganze Gesetz und die Propheten zusammenfasst.

Es gibt also nichts in der Bibel, was nicht mit den Evangelien übereinstimmt, und der Geist der Evangelien ist der Geist der Nächstenliebe.

L

Einander zu lieben und sich nicht gegenseitig zu schmähen, zu verfluchen, zu exkommunizieren, zu verfolgen oder zu verbrennen.

Einander zu lieben und folglich einander zu helfen, zu trösten, zu unterstützen und zu segnen.

Die Nächstenliebe ist die mit einem göttlichen Prinzip ausgestattete Menschlichkeit; sie ist die mit Selbstverleugnung angereicherte Solidarität; sie ist der Geist der Heiligen und daher der wahre, d. h. universale Geist der katholischen Kirche.

Diejenigen, die einen dem entgegengesetzten Geist haben, gehören nicht zur Kirche.

Aber die Nächstenliebe in der Kirche muss vor allem die Hierarchie und die Einheit bewahren. Es ist richtig, gegen den Missbrauch von Autorität zu protestieren, aber nicht gegen die Autorität selbst.

Es gibt gerade eine neue protestantische Sekte, die sich „Alt-Katholiken“ nennt, so als ob ein neugeborenes Kind sich alt nennen könnte, weil es einen Großvater hat?

Aber die Vorfahren dieser lächerlichen Protestanten waren keine alten Katholiken; sie wären lieber tausend Tode gestorben, als sich von der Hierarchie und der Autorität zu trennen.

Ihre Vorfahren sind die Ketzer aller Zeiten, und ihr Groß-Ahnherr ist Satan, der unnachgiebige alte Katholik.

LI

Wenn die Religion eine sein soll, wenn sie heilig sein soll, wenn sie universell sein soll, wenn sie die Kette der Tradition bewahren und fortsetzen soll, wenn sie auf einer legitimen hierarchischen Autorität ruhen soll, wenn sie alles verwirklichen und geben soll, was sie verspricht, wenn sie für alle die Zeichen der Macht und des Trostes haben soll, wenn sie für zu schwache Ansichten den Glanz der ewigen Wahrheiten verschleiern soll, wenn sie alle Hoffnungen der anspruchsvollsten Seelen in einer Garbe vereinen soll, kann diese Religion nur katholisch sein, und alle Völker der Welt werden bald in den Schoß der Katholizität zurückkehren, wenn irgendein erleuchteter Papst den Mut haben wird, sich von den kleinlichen, von Neid und Hass erfüllten Leidenschaften der katholischen Priesterschaft kühn zu distanzieren; wenn ein gelehrter Geistlicher die Kompetenz haben wird, die Lichter der Vernunft mit den Unklarheiten des Glaubens zu versöhnen, und wenn die von materiellen Interessen befreite Anbetung nicht länger ein Objekt merkantiler Unternehmungen sein wird.

Es wird so sein, weil es so sein muss, und man wird dann entdecken, dass in den christlichen Dogmen, wie in den ersten Teilen der Bibel, Bilder und Schatten der Religion der Zukunft stecken, die bereits existiert und die man Messianismus, Parakletismus oder besser noch absoluten Katholizismus nennen könnte. Diese Religion wird das Licht für alle Gemüter und das ewige Leben für alle Seelen sein.

Das große Geheimnis

Den unveränderlichen Kräften der Natur nicht zu erliegen, sondern sie zu lenken; ihnen nicht zu erlauben, dich zu binden, sie zum Nutzen der unsterblichen Freiheit zu benutzen; das ist das große Geheimnis der Magie.

Die Natur ist intelligent, aber sie ist nicht frei. Die Himmelskörper haben instinktive Seelen wie die der Tiere, und sie befruchten sich gegenseitig; die Planeten sind das Serail der Sonne und die Sonnen sind die fügsame Herde Gottes.

Die Erde hat eine Seele, die der Sonne unter den Dekreten des Schicksals gehorcht, und instinktiv gehorcht auch der Mensch.

Aber es bedarf großer Wissenschaft, großer Weisheit oder großer Erhabenheit, damit der Mensch die Seele der Erde beherrschen kann. Die Torheit hat ihre Wunder, die sicherlich zahlreicher sind als die der Weisheit, weil die Weisheit nicht danach strebt, sie hervorzubringen, sondern im Gegenteil natürlich dazu neigt, die Gelegenheit zu vermeiden.

Es wird gesagt, dass der Teufel Wunder wirkt; in der Tat ist er vielleicht der Einzige, der sie in dem Sinne wirkt, den die unwissenden Massen diesem Wort geben.

Alles, was dazu neigt, den Menschen von Wissenschaft und Vernunft fernzuhalten, ist sicherlich das Werk eines bösen Prinzips.

Die Sonne ist intelligent, aber nicht die Erde; letztere würde ohne die Sonne und die Arbeit des Menschen nichts hervorbringen.

Die Sonne schwängert sie, der Mensch wird ihr „Geburtshelfer" sein, und nur widerwillig unterwirft sie sich den Liebkosungen ihres Ehegattens (Sonne auf französisch ist männlich „Le Soleil"; Anm. des Übers.) und der Hilfe ihres Arztes.

Ungeziefer, wilde Tiere, schädliche Insekten, parasitäre und giftige Pflanzen, Missgeburten, Monster, Plagen, sind die Früchte ihrer Grobheit.

Sie widersetzt sich, solange sie kann, und ihr Widerstand ist kein Verbrechen: sie ist nur das Geschöpf des Gesetzes und dient als Gegengewicht zur Aktivität der Sonne.

Nach der hieratischen Tradition sollte der Mensch, der einzige Sohn Gottes, über die Erde herrschen, aber da er das Gesetz Gottes gebrochen hat, ist er nicht mehr frei, und die Sklaven sind in der Sklaverei alle gleich.

Die Seele der Erde ist dem Menschen feindlich gesinnt, weil sie spürt, dass er das Recht verloren hat, sie zu beherrschen; sie widersetzt sich ihm und täuscht ihn; sie ist es, die Träume, Albträume, Visionen, Halluzinationen erzeugt ...

Unterstützt wird sie dabei von Fanatismus, Ausschweifungen, Trunkenheit und allen nervösen Störungen; auch Verrückte, hysterische Frauen, Kataleptiker und Somnambule stehen unter ihrem direkten Einfluss.

Sie wird auch Astrallicht genannt, und es ist dieses Licht, das alle Phantasmagorien des Spiritismus erzeugt.

Wir geben zu, dass dieser Name „Astrallicht“ nur unvollkommen auf die Seele der Erde zutrifft.

Die instinktive Kraft unseres Planeten manifestiert sich in negativer Elektrizität und Magnetismus; positive Elektrizität, Wärme und Licht kommen durch den Einfluss der Sonne.

Die Seele der Erde strahlt besonders nachts.

Das Licht beschränkt ihre Ausströmungen und stößt sie ab.

In den langen Winternächten, besonders um Mitternacht, erscheinen die Geister.

Ein Mensch ist nicht ein Heiliger, nur weil er Visionen hat; aber man kann Visionen haben und trotzdem ein Heiliger sein; nur bleibt es nicht aus, dass diese Visionen im Falle der Heiligen immer etwas Lächerliches oder Abscheuliches annehmen.

Die heilige Therese wurde von Blut gequält und glaubte, lebendige Wände zu sehen, die kollidierten und einen Cherub mit einem Bogen, der auf sie schoss.

Maria Alacoque sah, wie Jesus seine Brust öffnete und sein pochendes und blutendes Herz zeigte.

Martin de Gallardon sah einen Engel in der Tracht eines Lakaien; die Kinder von La Saiette schmückten ihre Jungfrau mit einem riesigen Bauernhut, einer gelben Schürze und mit Rosen, die sie in die Füße stachen.

Bernadette Soubirous sah die Muttergottes von Lourdes als kleines Mädchen gekleidet, bereit für die Erstkommunion, mit einer kleinen blauen Schürze und gelben Rosen, deren Stiele in ihre nackten Füße gepflanzt waren.

Berbiguier sah Jesus Christus inmitten mehrerer flacher Kerzenhalter; diese Vision wiederholte sich in Pontmain, wo vier Kerzen an der Wand des Firmaments befestigt waren und die Heilige Jungfrau in der Mitte saß.

Ravaillac sah die heiligen Kerzen um seinen Kopf schweben und hörte eine Stimme, die ihm befahl, Heinrich IV. zu töten.

Die instinktive Seele der Erde verlangt sehnlichst nach Blut und begünstigt die Exzesse, die zu dessen Vergießen führen. Die Gespenster scheinen wie Krähen schon von Weitem den Geruch von Massakern und Schlachtfeldern wahrzunehmen.

Der Tod Caesars, der daraus resultierende Bürgerkrieg und die blutigen Proskriptionen des Triumvirats wurden durch die von Vergil erwähnten Wunder eingeläutet.

Kurz vor dem römischen Vernichtungskrieg gegen die Juden war der Tempel voll von Visionen und Wundern.

Die morbiden Wunder der Konvulsionen gingen dem Gemetzel der Revolution voraus, gefolgt von den großen Kriegen des Kaiserreichs. Heutzutage sind die Geister zu Gauklern geworden und die Toten spuken in unseren Salons und machen sich mit den Damen vertraut ... Wir haben gerade den Krieg mit Deutschland und die Kommune hinter uns, was können wir noch erwarten?

Der Mensch, ein Kind der Erde, bleibt in magnetischer Kommunikation mit ihr.

Er selbst ist ein besonderer Magnet, der seine Kräfte durch die Kombination seiner Vorstellungen und seines Willens ins Unendliche steigern kann.

Dann werden träge Dinge magnetisiert, und unter dem Einfluss der physischen Seele der Erde, die vom Menschen angezogen und fehlgeleitet wird, können sie sich verschieben, hochgehoben werden und knarrende Geräusche oder Klopfgeräusche verursachen.

Manchmal modelliert sogar eine Art Luftgerinnung grob irgendeine flüchtige Form; die Leute glauben, Lichter oder Hände zu sehen; Träume nehmen Körper an, und die Natur scheint in einem Zustand des Deliriums zu sein; neue Wahrsagerinnen kritzeln wahllos neue Orakel – genauso unseriös wie die alten, die gleichen Ursachen erzeugen immer die gleichen Wirkungen.

Wird es dem Menschen jemals gelingen, dieses wirbelnde, verschlingende Tier, das wir die Erde nennen, zu zähmen? Nein, solange kein Drehpunkt für den archimedischen Hebel entdeckt wurde und solange das Reittier seinen Reiter immer wieder abwerfen wird.

Vergeblich quält der Mensch die Erde, sie wird ihn am Ende immer verschlingen. Daher ist der große Traum des Prometheus – also der Traum des menschlichen Genies – seit jeher das Geheimnis des Hermes, also die Entdeckung eines Allheilmittels gegen Krankheit, Alter und Tod.

Der Wunsch nach Unsterblichkeit, der seit jeher die menschliche Seele heimsucht, ist ein Protest dagegen, dass wir der Gefräßigkeit der Erde unterworfen sind; aber die Religion hat die Unsterblichkeit in den Tod verlagert und schmeichelt sich nur selbst damit, dass es ihr gelingen wird, den Teil von uns, den sie in den Himmel erheben will, von der Sklaverei der Erde zu befreien.

In symbolischer Sprache ist der Himmel der Geist und die Erde die Materie; der Himmel ist das Licht und die Erde die Dunkelheit; der Himmel ist das Gute, die Erde das Böse; der Himmel ist das Paradies, die Erde die Hölle.

Darüber hinaus finden Theologen, die an eine lokalisierte Hölle glauben, keinen anderen Ort für sie als im Zentrum der Erde; dort verorten sie sie, was die Materialität des Bösen zu bestätigen scheint.

Die Erde ist faul, weil sie schwer und materiell ist, und da Faulheit Hunger erzeugt, erzeugt die Erde unvollkommene Arten, die darauf reduziert sind, sich gegenseitig zu verschlingen. Sie produziert gerne Wesen, die sich gegenseitig umbringen, weil sie von den Leichen ihrer Kinder fett wird.

Der Krieg ist die unvermeidliche Voraussetzung der Existenz auf der Erde und der Triumph gehört immer dem Stärkeren. Die Kraft entspringt nicht dem Gesetz; sie konstituiert es; was Darwin „natürliche Auslese“ nennt, ist der Triumph der Kraft.

Warum gibt es Missgeburten in der Natur? Warum so viele unvollkommene Designs, wenn die schöpferische Kraft allmächtig ist? Weil jede Kraft einen Widerstand als Bremse hat, weil die Trägheit gegen die Bewegung kämpft, weil der Schatten das Licht ausgleichen muss.

Alles wird von der souveränen universellen Intelligenz vorhergesehen und Gottes Vorsehung ist keine direkte persönliche Erfindung. In der Genesis erschafft Gott die Tiere nicht, er befiehlt der Erde, sie zu produzieren.

Gott hat die Erde, die Natur, befruchtet, und sie ist zur Mutter geworden, die ohne Hilfe aus eigener Kraft produziert. Aber sie schont ihre Kräfte und vereinfacht ihr großes Werk; sie erzeugt Leben und dieses wiederum arbeitet an der Differenzierung der Formen, entsprechend den Bedingungen der Umgebung.

Eine Anstrengung erzeugt eine weitere Anstrengung oder weitere Anstrengungen; eine Form erzeugt weitere Formen, und Fortschritt ist nur durch das Gesetz der Transformation möglich.

Diese Mysterien der Natur demonstrieren und erklären jene Mysterien der Religion, die das menschliche Verständnis aufs Äußerste strapazieren. Die göttliche Auslese, d. h. die endgültige Errettung, verbunden mit der wahrscheinlichen Verwerfung der Mehrheit; die enge Pforte, die Regeneration oder moralische Umwandlung, die Auferstehung oder zukünftige Transformation des Menschen, der jetzt ist, in ein vollkommeneres Wesen.

Was den Glauben zu erschüttern drohte, bekräftigt sie, was die Religion zu stürzen drohte, stellte sie wieder her.

Die von Darwin aufgestellten Paradoxien erklären die Orakel Jesu Christi, und wir glauben mit umso größerer Zuversicht, da wir besser wissen, was wir glauben sollen.

Wahrheiten werden früher oder später die öffentliche Meinung erobern, und die öffentliche Meinung, wenn sie auf der Wahrheit beruht, ist sie nicht immer mit Autorität bekleidet?

Zuerst wird Galilei verurteilt, später werden seine Behauptungen zugelassen, und die Kirche ist dennoch unfehlbar, weil Autorität notwendig ist. Wenn nun die Kirche ihre Autorität auf den Papst überträgt, wird der Papst unfehlbar durch Autorität, aber nicht durch Wunder; eine Autorität kann übertragen werden, ein Wunder nicht.

Die Sehnsucht nach Religion ist das ursprüngliche Bedürfnis der menschlichen Seele; sie existiert im gleichen Rang wie die Liebe und in der Liebe selbst. "Es gibt", sagt Mr. Tyndall, einer der bedeutendsten Gelehrten Englands, „noch andere Dinge, die in die intimen Fasern des Menschen eingewoben sind, wie die Gefühle der Ehrfurcht, des Respekts, der Bewunderung, und nicht nur die sexuelle Liebe, von der wir gerade gesprochen haben, sondern die Liebe zum Schönen in der Natur, sowohl zum Physischen als auch zum Moralischen; die Liebe zur Poesie und zu den Künsten; aber es gibt auch dieses tiefe Gefühl, das seit Anbeginn der Jahrhunderte, wahrscheinlich schon lange vorher, wahrscheinlich schon lange vor der Ära jeder Geschichte, in allen Religionen der Welt enthalten ist.

Man kann über diese Religionen lachen, aber in jedem Fall kann man nur über bestimmte Eigenheiten der Form lachen, und man wird die unveränderliche Basis des religiösen Gefühls, die in der emotionalen Natur des Menschen existiert, nicht berühren.

Das Problem der heutigen Zeit ist es, diesem Gefühl eine angemessene Befriedigung zu geben.

Wir glauben, dass wir die Lösung dieses großen Problems hinreichend erklärt oder angedeutet haben, um es Schriftstellern, die kompetenter sind als wir, zu ermöglichen, sie zu entdecken und mit größeren Erfolgsaussichten den legitimen Bestrebungen der Welt zuzuführen. Der Geist der Intelligenz wird kommen, wie Christus es uns verheißen hat, und dieser wird uns die ganze Wahrheit lehren.

Die Lehren der Hohen Wissenschaft, die die Alten Magie nannten, werden heute von der offiziellen Wissenschaft nicht mehr anerkannt und können ihr nur noch in Form von Paradoxien präsentiert werden, ein Wort, das „Dinge über der Vernunft“ bezeichnet.

Paracelsus, dessen Name ein Synonym für eine paradoxe Überhöhung des Denkens ist, bezeichnete diese Dinge als Archidoxien, d. h. als das, was ultra-vernünftig oder mehr als vernünftig ist.

Gott ist der große Archidox des Universums. Religion ist archidox, wenn sie scheinbar paradox ist. Freiheit ist das Paradoxon oder Archidoxon der göttlichen Menschheit.

Absolute Vernunft, absolutes Wissen, absolute Liebe sind Archetypen des menschlichen Genies. Die Vorstellungskraft ist archidox in der Erschaffung und Verwirklichung ihrer Paradoxien.

Der Wille eilt zum Archidoxon, macht nicht Halt vor dem Paradoxon. Die absolute Vernunft ist, wie die Göttlichkeit, das höchste Archidoxon des Verstandes, das, wenn es um den Geist geht, das Absolute in der unkonditionierten Vernunft ist; das Absolute für das Herz ist unendliche Vollkommenheit. Außerdem ist das Schöne das Spiegelbild des Wahren, unendliche Schönheit kann nur in der idealen Verkörperung von Wahrheit und Liebe existieren. Diese im Menschen verwirklichte Personifikation ist das Christentum; in der Gesellschaft als Ganzes verwirklicht, wird sie die Katholizität sein.

Derjenige, der sagte: „Ich glaube, weil es absurd ist", gab uns in paradoxer Form die Formel des Archidoxon, und in der Tat, über oder unter der Vernunft kann man nur dem Absurden begegnen. Nur, die Absurdität, die unten liegt, ist Dummheit oder Wahnsinn, während das, was oben schwebt, Enthusiasmus oder Selbstverleugnung ist.

Unterhalb der Vernunft der Massen gibt es den Materialismus, oberhalb der Vernunft der Gelehrten gibt es Gott. Credo quia absurdum. Lassen Sie uns nun unsere magischen Paradoxa mit diesem letzten vervollständigen, das wir das Evangelium der Wissenschaft nennen werden.

Evangelium der Wissenschaft! Was für eine Absurdität!

Als ob die Wissenschaft ein Evangelium, eine Bibel, einen Koran, eine Zend-Avesta oder die Veden haben könnte!

Alle diese heiligen Bücher gehören ausschließlich der Religion und der Priester dieser verschiedenen Formen der Anbetung an; die Wissenschaft beschäftigt sich nur mit der Feststellung ihres Alters, ihrer Authentizität und ihres Einflusses auf die Geschichte der Nationen.

Es gibt kein anderes wahres Evangelium als das von Jesus Christus; es stimmt aber, dass es apokryphe Evangelien gibt.

Es wäre ein Anachronismus, in der heutigen Zeit ein apokryphes Evangelium zu schreiben; und es wäre eine Torheit und Pietätlosigkeit, irgendein anderes dogmatisches Evangelium als das von Jesus Christus verkünden zu wollen.

Wir verwenden daher den Begriff Evangelium als paradoxen Ausdruck, passend zum Titel dieses Buches, der „Magische Paradoxien" lautet.

Das Wort Evangelium bedeutet „gute Nachricht", und es wäre in der Tat eine gute Nachricht für die Welt, wenn sie erfahren würde, dass Wissenschaft und Religion in Einklang gebracht worden sind.

Aber alle Dinge kommen zu ihrer Zeit, und die Welt ist nicht gerettet, weil ein exzentrisches Buch geschrieben wurde.

Die okkulten Wissenschaften sind notwendigerweise exzentrisch, denn sobald sie aufhören, exzentrisch zu sein, hören sie auf, okkult zu sein.

Ein Same ist in die Erde gelegt worden; niemand sieht ihn, außer dem, der ihn gesät hat, und wenn die Erde ihn bedeckt hat, sieht ihn niemand mehr.

Die Menschen gehen an der Stelle vorbei, an der er versteckt ist, sie treten sogar darauf und lange Zeit gärt und keimt er in der Stille.

Dann bricht eine winzige Knospe durch den Boden; sie teilt sich in zwei Blätter, und zwischen diesen beiden Blättern erscheint eine Knospe.

Das geht eine ganze Weile so, ohne dass es jemand merkt.

Eines Tages wird man sehen, dass aus dem Spross ein Schössling geworden ist und noch später wird er wachsen und langsam zu einem Baum werden.

Doch oft ist derjenige, der ihn gesät hat, schon längst wieder in den Schoß der Erde zurückgekehrt.

Er wird niemals die Früchte seines Baumes pflücken oder in seinem Schatten sitzen.

Sein Körper befruchtet die Erde und wird andere Bäume zum Sprießen bringen; sein Gedanke entwickelt sich in den Himmeln und wird andere Gedanken zum Blühen bringen.

Denn nichts stirbt, alles wird verwandelt; was nicht mehr ist, wird wieder sein; was aber klein war, wird groß, und was krank war, wird gesund.

Das ist unser Glaube und unsere Hoffnung. Amen und möge es so sein!